国家社会科学基金项目（项目批准号10WW019）

Study on Lewis Mumford's Thought

路易斯·芒福德
思想研究

李树学 著

人民出版社

责任编辑:马长虹

封面设计:徐　晖

图书在版编目(CIP)数据

路易斯·芒福德思想研究/李树学 著. -北京:人民出版社,2015.10
ISBN 978 - 7 - 01 - 014724 - 6

Ⅰ.①路…　Ⅱ.①李…　Ⅲ.①芒福德,L.(1895~1990)-人物研究
　Ⅳ.①K837.125.6

中国版本图书馆 CIP 数据核字(2015)第 067064 号

路易斯·芒福德思想研究

LUYISI MANGFUDE SIXIANG YANJIU

李树学　著

人民出版社 出版发行

(100706　北京市东城区隆福寺街 99 号)

环球印刷(北京)有限公司印刷　新华书店经销

2015 年 10 月第 1 版　2015 年 10 月北京第 1 次印刷
开本:710 毫米×1000 毫米 1/16　印张:13
字数:200 千字　印数:0,001-3,000 册

ISBN 978 - 7 - 01 - 014724 - 6　定价:45.00 元

邮购地址 100706　北京市东城区隆福寺街 99 号
人民东方图书销售中心　电话 (010)65250042　65289539

序　一

　　阅读李树学的《路易斯·芒福德思想研究》，使我想起了19世纪玛丽·雪莱的小说《弗兰肯斯坦》。在这部小说里，玛丽·雪莱描写了科学家弗兰肯斯坦博士的故事：他超出了通常的研究和实验范围，创造了一个有生命的怪物，而这个怪物后来又杀气腾腾地反对他的创造者。弗兰肯斯坦的形象，似乎体现了路易斯·芒福德所处的社会境遇。

　　随着科学技术的迅速发展和广泛应用，同时出现了两种对立的结果：一方面，人们的生活条件得到了改善，有更多的商品，更方便的居住条件，更快捷的通讯，更舒适的旅行，等等；另一方面，社会却出现了脱节，产生了更多的贫富分化，更多的污染，更多的矛盾和冲突……。在以前认为只属于科幻小说的领域里，一个又一个的突破震撼了公众。而且，几乎在人类生活的每一个领域，从医治疾病到卫星通讯再到太空探索，科学和技术的发展仍在继续。总的看来，新的发明和应用似乎都体现了弗兰肯斯坦的神话：一方面，人类对自然的控制，人类的预见能力，人类发现和解决自然或人类自己所造成的困难的能力，似乎可以无限地扩大；但另一方面，超机械化的战争威胁依然存在，过度的工业化和污染改变了生态环境，引发了种种生态危机，而大量复杂的专业化使社会和政治的决定面临着更多的忧虑。在这种情况下,"科学和人文价值"的问题便突显出来。于是,人文学者、科学家和技术专家进行公开的辩论。芒福德是其中之一,也是意见最激进的一个。

芒福德是著名的文化史学家、文学及建筑批评家和社会哲学家,李树学的《路易斯·芒福德思想研究》系统地论述芒福德的思想,阐发他从20世纪20年代开始的卓越的事业。李树学的研究使我们看到,芒福德一直关心自然环境和人类文化的关系问题,研究技术发展与文化的关系,与城市规划的关系,自然环境的情调和特点,以及艺术和思想的形式和精神。

在《路易斯·芒福德思想研究》里,李树学告诉我们,芒福德坚持文化优先,坚持机器不是一个独立的力量,而是整个文化的一部分。通过文化上的几个阶段(原始、古代和现当代)追溯技术的变化(从工具到机器),芒福德指出,机器越来越趋向于代替人类活动,并把它的模式(以机械化的形式)强加于人类的行为和思想。最初他以为通过民主社会主义计划,人类可以掌控技术,使之服务于更人道的目的。但自第二次世界大战以后,他开始强调怀疑主义。在他看来,思想感情进一步机械化,更多的问题以公式化的、机器的方式解决,更多的权威性转向机械本身,人类的愿望在决定中降到从属的地位。这种形势使芒福德感到极端危机,他在20世纪50年代曾这样写道:它"像一个喝醉酒的机车司机,驾驶着现代化的火车,以每小时一百多哩的速度在黑夜里疾驰,我们不断地通过危险信号,但没有认识到我们的速度,这是我们的机械工具造成的,只能增加我们的危险,或造成更大的毁灭性的碰撞。"芒福德指出,危险的信号也出现在对旧的城市结构的冲击当中,出现在对自然环境的破坏当中,而且还出现在文化行为当中,例如艺术的非理性化,流行电影里的暴力,以及对民族主义宣传里的军事威力的赞颂。

芒福德相信,简单的、孤立的机器即将或已经让位于"大机器",即吞噬一切的大系统，这个系统依托资本的内在逻辑和庞大的计算机化的电子结构。芒福德认为，这种巨大而无形的大系统，是现代生活的错误的方向，因为它引发可怕的新极权主义的控制：少数人创造一个统一的、包括一切的、超星际的、为自动操作而设计的"大机器"；人们不是作为独立自治的人而积极地发挥作用，而是变成一种被动的、无目的的、由机器控制的动物。芒福德进而论证说，这种前景的产生是因为大机器本身产生于人类生活的一个部分，产生于以文化为基础的关于人作为工人或技术员的概念，它完全不同于人作为生物体的概念，即人熟悉自己的本性并与自己的自然功能相协调的概念。看看人们今天对电脑和手机多么依赖，多么不可须臾分离，就不难理解芒福德所说的人变成由机器控制的动物。

芒福德关于技术作为人类文化的一种产品，并因此表达一种人性内容的基本观点，给人们以绝大的启迪；它是我阅读李树学的《路易斯·芒福德思想研究》的最大收获，也是他这部专著的核心论点。当然，李树学的研究不止于此，他系统阐发芒福德的思想演变，把芒福德置于科技发展的历史中考虑，并把芒福德的某些观点与当下的社会现实联系起来（如城镇化问题、环境问题，等等），这些都值得我们赞赏。

我对芒福德缺乏研究，上面的些许体会，主要得益于李树学的《路易斯·芒福德思想研究》，因此我认为这是一部非常有价值的著作。借此机会，我对李树学取得的成就表示衷心祝贺，并祝他在未来的学术道路上走得更远，取得更大的成就。

王逢振

2015 年仲夏

序　二

路易斯·芒福德是一位多产作家，并且兴趣极为广泛，所写内容涉及建筑批评、城市规划、文学批评、技术哲学、社会学、经济学等诸多领域。可谓知识渊博、思想深邃、多才多艺。但也正因此，人们对他褒贬不一，并有所诟病，少数人认为他的思想缺乏独创性，一些人认为他思想庞杂，缺乏系统性。

李树学教授平时语不惊人。关于芒福德，他却语惊四座，视野独特，观点与众人相左，独树一帜。他认为，芒福德虽然著述庞杂，但是主题思想却是统一的，即：芒福德所关心的是人类在现代文明面前应怎样生存这样一个问题，具体而言，就是：人类怎样对待城镇化、怎样对待科学技术、怎样维护世界和平、实现世界大同的宏伟目标。

李树学的这一研究结论把芒福德提升了一个层次。芒福德不仅是美国 20 世纪最伟大的作家之一，还是重要的思想家。

李树学的《路易斯·芒福德思想研究》是国家社科基金课题成果，是他在对芒福德研究的基础上，结合我国工业化、城镇化建设实际，对芒福德思想的进一步挖掘和整理。国内学术界对芒福德的研究仅限于城市规划和技术哲学领域。李树学从跨学科的角度对芒福德的思想进行全面的综合研究，在国内尚属首创。该成果挖掘出的芒福德"生态城市规划思想"、"城市和技术惠民思想"、"社区规划理念"、"芒福德中小城镇建设理念"等。这些都是首次提出，对我国限制超大城市的"摊大饼"式的无限制的蔓延，系统解决超大城市的交通拥堵、人口爆炸，以及北京、上海、广州这些"巨无霸"超大城市居高不下的房价，抑制工业文明带来的城市环境污染，对于我国在城市建设领域如何落实共享改革开放红利，如何建设环境优美、宜居的中小城镇，实现"全民共同富裕"，具有很强的理论指导价值和应用价值。

除此之外，李树学还挖掘出了"芒福德的全球化思想"，"建立世界政府"的构思等，对于建立世界和平、东西方共同发展、建立美好人类家园，都具有深远的历史影响。李树学的研究成果必将掀起国内芒福德的研究热潮。

李树学是河北师范大学外国语学院优秀毕业生。他布衣出身，生活简朴，学习刻苦。毕业后到邢台任教，工作踏实认真。后出国进修，先后赴英国剑桥大学和诺丁汉大学进修深造，于 2007 年获得诺丁汉大学美国学博士学位。美国学是美国 20 世纪 40—50 年代成立的特殊专业，是一门跨学科的专业，要求学生懂好几个专业，因此，美国学对学生的要求是相当高的。李树学从英美文学转到美国学，肯定吃了不少苦头。他在英国诺丁汉大学攻读博士学位期间专攻芒福德，并在国外出版学术专著 *Lewis Mumford：Critic of Culture and Civilization* 一书。该书已被美国哈佛大学、普林斯顿大学、美国国会图书馆、加利福尼亚州立大学、中国国家图书馆、北京外国语大学图书馆等多家中外著名高等学府、国家级图书馆收藏，被《美国当代社会学：书评杂志》（*Contemporary Sociology：A Journal of Reviews*）刊登了书评，产生了广泛的国际影响。

鉴于其学术成绩，河北师范大学外国语学院几任院长田贵森教授、潘炳信教授和我都曾邀他加盟。他热爱家乡，执意回邢台任教，母校未得其才。这一次，他的国家社科基金课题结项，要出版专著，约我作序。因不懂芒福德，我不敢多言，仅就自己所知，写以上逐句，是为序。

李正栓

2015 年 5 月 1 日

目　录

导　论

一、国内外研究现状述评及研究意义

　　路易斯·芒福德一生学术涉猎极广，著作等身，内容包括政治、经济、哲学、历史、艺术、文化、科技、城市规划、城市设计等，出版过三十多部专著，上千篇文章和评论，连续三十年给《纽约人》杂志的"天际线"栏目当编辑，就纽约的城市建筑和规划问题充当评论员，写过电影脚本，还拍摄过电影，同时还创作了五百多幅水彩画和美术作品，在美国的十几所知名学府担任过教授。芒福德先生曾获得英国皇家建筑学金奖、美国国家文学勋章、美国国家艺术勋章、美国总统自由勋章、里根总统奖，还被封为大英帝国爵士等。他的《城市发展史——起源、演变和前景》在中外城市规划界被誉为圣经。

　　我国学术界对芒福德的研究大多集中在城市规划、建筑、技术哲学等领域，原因主要是国内对芒福德的作品只有《城市文化》、《城市发展史——起源、演变和前景》、《技术与文明》等，都是近几年陆续由宋俊岭、陈允明等翻译，由中国建筑工业出版社出版的，而他的其他重要著作国内尚无中译本问世。对芒福德作为跨学科大师的专题研究迄今为止尚未看到。我国学术界对芒福德的研究和了解刚刚起步。黄俊的《杰出的建筑师路易斯·芒福德》描述了芒福德的成长过程以及在建筑领域的研究和贡献。王中的《城市规划的三位人文主义大师——霍华德、盖蒂斯、芒福德》一文阐述了三位大师在人文主义规划方面的贡献以及他们之间的传承关系。吴志宏的《芒福德的地区建筑思想与批判的地区主义》一文分析和探讨了芒福德的地区建筑思想的内涵以及对批判的地区主义的影响。宋言奇在《生态城市理念：系统环境观的阐释》一文中说："生态城市最早是在 1987 年由苏联生态学家 O·亚尼斯基与美国学者理查德·雷吉斯特所提出的。"其实，"生态城市"的这些理想模式最早提出从严格意义上来讲应该归功于路易斯·芒福德。芒福德早在 1931 年出版的《褐色年代》（*The Brown Decades*）和 1934 年出版的《技术与文明》（*Technics and Civilization*）等著作中已经提出了生态城市的基本思想。对"生态城市"创始人的张冠李戴实际上反映了我国学术界对芒福德早期贡献的忽视和对芒福德思想研究的不足。吴国盛的论文《芒福德的技术哲学》从哲学的角度解释了芒福德对人性的独到理解和与之相关的对技术的广义理解，肯定了芒福德以"巨机器"概念为标志的现代技术之本质的揭示，以及对现代技术之起源的独特历史阐释，是对机器哲学的两大贡献，从而拓宽了国内的芒福德研究。

国外芒福德研究有多纳德·米勒（Donald Miller）撰写的芒福德传记《路易斯·芒福德传》（*Lewis Mumford：A Life*）；托马斯·P. 休斯（Thomas P. Hughes）和阿伽色·C. 休斯（Agatha C. Hughes）合编的一部论文集《公共知识分子：路易斯·芒福德》（*Lewis Mumford：Public Intellectual*）；罗伯特·沃野托维茨（Robert Wojtowicz）撰写的专著《路易斯·芒福德与美国现代主义：建筑有托帮理论和美国现代主义》（*Lewis Mumford and American Modernism：Eutopian Theories for Architecture and American*

Modernism）；李树学（Shuxue Li）撰写的学术专著《路易斯·芒福德：文化与文明批评家》（*Lewis Mumford: Critic of Culture and Civilization*）。多纳德·米勒的芒福德传记详细叙述了芒福德的生平，包括他的人品、家庭生活、他的朋友、他的成就以及他的人文主义思想。但是他的传记很少涉及对芒福德的著作深刻的解读，因此缺乏思想深度。托马斯·P. 休斯和阿伽色·C. 休斯合编的论文集，是基于 1984 年宾夕法尼亚大学以"技术与文化"为题举办的芒福德国际研讨会上，来自不同学科的专家撰写的论文。这是一部很重要的论文集，体现了芒福德著作的跨学科性质。但是由于这次会议主要探讨的是技术和文化的关系，因此，大多数文章对芒福德后期有关技术方面的作品进行了研究，从而忽视了他的早期作品。兰斯·斯瑞特（Lance Strate）撰写的论文《路易斯·芒福德与科技生态学》确立了芒福德对媒介生态学的贡献。兰斯指出芒福德是比第一个明确提出"媒介生态学"理论的内尔·M. 博斯曼（Neil M Postman）和马歇尔·麦克卢汉（Marshal McLuhan）以及哈罗德·伊尼斯（Harold Innis）更早的媒介生态学的奠基人。罗伯特·沃野托维茨的专著主要是从建筑和城市规划方面对芒福德进行了研究，研究了他的成长过程，他的建筑和规划理论，以及对整个西方建筑和城市规划领域的贡献。但是，他对芒福德作品的思想性挖掘不深。对芒福德先生在其他领域的贡献研究不够。他没有看到芒福德作品的整体性。与沃野托维茨相比，艾伦·川池腾博格（Alan Trachtenberg）和卡西·布莱克（Casey Blake）试图用"文化批评家"来形容芒福德，这多多少少对芒福德来讲更加确切和公平。"文化批评家"比单纯的"建筑评论家"、"规划师"、"技术史家"更能概括芒福德作品和思想的博大性和系统性。但是他们并没有对芒福德进行专题的研究。

二、本书研究的主要内容、基本思路、研究方法、
重点难点、基本观点和创新之处

笔者在英国诺丁汉大学美加研究院（School of American And Canadian Studies）从事的芒福德研究的基础上，从西方方兴未艾的文化和文明研究的角度对芒福德思想的跨学科性质，进行了更加全面的探讨。笔者在以前的研究中，通过对芒福德早、中期著作《乌托邦的故事》（*The Story of Utopias*），《金色日子》（*The Golden Day*），《褐色年代》（*The Brown Decades*），《城市文化》（*The Culture of Cities*），《技术与文明》（*Technics and Civilization*），《城市展望》（*The Urban Prospect*）等的研究，探讨了芒福德的乌托邦思想；通过对比研究确认了芒福德对早期美国学运动的贡献及其历史地位；通过对马克思和韦伯现代性思想的对比研究，摸清了芒福德对现代性的认识和他的技术文明观，在对马克思和韦伯的思想进行综合、继承的基础上，丰富和发展了他们的思想，用独特的跨学科性质的文化和文明研究视角，形成了独特的社会发展的"合力理论"。论著的最后一章是对芒福德的社区主义的城市规划理念进行了深入的探讨和空间的解读。

本书是在原来研究的基础上对芒福德的中、后期重要作品《以理智的名义》（*In the Name of Sanity*），《生命行为》（*The Conduct of Life*），《人类的转变》（*The Transformations of Man*），《机器的神话：技术与人类发展（I）》和《机器的神话：权利的五角大楼（II）》（*The Myth of the Machine：Technics and Human Development*（*I*），*The Pentagon of Power*（*II*）），《人类必须行动》（*Man Must Act*），《生存的信念》（*Faith for Living*），《城市发展史：起源、演变和发展》（*The City in History：Its Origins，Its*

Transformation and Its Prospects），《高速公路与城市》（*The Highway and the City*），《城市展望》（*The Urban Prospect*）等进行文本研究。

一、挖掘出芒福德的"城市生态"思想，确立芒福德现代"城市生态"奠基人之一的历史地位，还芒福德一个公道。除了其学理上的意义外，芒福德的城市生态理论对我国的生态建设也具有十分重要的现实意义。欧洲在 17 世纪就进入了工业化和城市化建设，美国自南北内战以后也进入大规模的工业化和城镇化建设。他们在建设中遇到的各种各样的问题，同样也会在我国现阶段的工业化和城市化进程中遇到，并且，这些问题已经遇到，工业化对生态的破坏，对自然环境的破坏已相当严重，解决这些问题已迫在眉睫、刻不容缓。芒福德通过对西方工业化和城市化进程通古博今的史学研究，为我们建设生态城市、进行生态建设提供了可资借鉴的思想和方法。因此，研究芒福德的城市生态观和城市建设理念，对我国的大都市化建设，包括小城镇建设都具有十分重要的理论意义和现实意义。

二、路易斯·芒福德的城市社区主义规划理念。作为美国 20 世纪城市化进程中最有影响的城市学家之一，芒福德在他的《城市文化》、《城市展望》等一系列著作和文章中以社区为指导思想对美国以及欧洲的城市规划及现状进行了理性的分析。从家庭邻里到儿童游乐场，从购物中心、社区活动中心到市中心的空间绿地，芒福德在城市规划评论中所表现出来的规划理念在现代化城市中有利于培养人们日常交际和合作、有利于形成人们的地域情感和归属感、有利于提高人们的社区意识和社会公德意识。我国现在正处在城市化建设的关键时期，研究芒福德的城市规划理论对我国的城镇化建设具有重要的指导意义和借鉴作用。

三、在以"大都市"和"城市群"为中心的都市化进程中，城市规模已成为一个很重要的问题。大都市一方面代表了一个国家和地区的经济实力和文明发展的程度，另一方面，也带来了许多诸如：交通拥堵，物价高昂，生活成本增加和城市环境恶化等问题。本书通过对芒福德的城市规划理论的梳理，对照我国现在城镇化过程中存在的问题，提出了解决问题的一些思路。我国的城镇化建设如何发展才能避免芒福德所说的城市"罗马化"现象和现代"都市病"。笔者认为，芒福德的中小城镇发展理论及把大城市的各项城市技术、设施和福利向中小城镇和农村扩散的理论对我国全面建设小康社会，实现全民共同富裕具有重大借鉴意义。

四、技术在现代社会越来越扮演着重要的角色，它渗透了现代社会生活的方方面面，左右和影响着人们的日常生活。随着我国城镇化、工业化程度的不断增加，西方社会在工业化时期遇到的技术对人们生活、思想和生活方式的影响，在我国也日益凸显。现代技术一方面创造了丰富的物质财富，为人的生活带来很多的便利，但另一方面也给人们的生存环境带来了意想不到的破坏和灾难；对人们的生活和行为产生了许多负面的影响和限制。人们应该如何对待现代技术，是屈服于技术对人的统治，使人变成依附于技术和机器的一个不可或缺的部件，还是人应该始终凌驾于技术之上，使技术永远成为服务于人的意志的一种工具？关于技术和人的关系问题，有多种不同的哲学观点。一种是技术决定论，认为技术会不断地创新和发展下去，不管人们喜欢与否，人只能被动地接受并受制于技术。另一种观点是技术只是人的工具，听命于人的控制和意志。关于技术的本质是好还是坏这一问题，芒福德提出了一种社会学意义上的技术哲学，即技术为什么样的人服务的问题，是为所有的人服务，还是为少数人服务？

芒福德认为技术不仅要为少数富人和统治阶级服务，也应该为广大的人民大众服务。技术不应成为少数人手中维护特权利益的手段，应该成为造福百姓的工具。大多数学者在讨论芒福德技术哲学的文章中，主要把讨论的重点聚焦于一般哲学意义上的技术的本质的讨论，很少有人谈到芒福德技术哲学的社会意义，本书的第五章将在一般意义上对技术进行讨论的基础上，着重探讨芒福德的技术为民的技术哲学思想。在技术不断更新和飞速发展的今天，人们应该如何驾驭科学技术，才能不被"巨机器"所"异化"，使其沿着人文主义的轨道发展，并最终为人类服务，这些思想也是芒福德思想的主要内容。

五、路易斯·芒福德打破传统学科界限，用文化与文明批评之方法，借鉴了马克思的阶级分析的观点和韦伯的宗教理论，通过撰写西方技术文明史，对现代资本主义社会工业文明所带来的各种利与弊及其产生的历史根源进行了全面的探讨，并逐渐形成了自己的合力理论，提出了自己的现代技术文明观。

美国19世纪后半叶至20世纪初是从农业社会向工业社会和商品社会转化的一个特殊时期。路易斯·芒福德对这一时期出现的社会弊端从技术发展的历史着手进行了深刻的思考并提出了解决问题的思路。因此，了解和探讨芒福德的技术文明观对于我们建设现代化的文明和谐社会具有很强的借鉴作用和深刻的现实意义。

在20世纪30年代的美国，芒福德和其他一些知识分子一样，对资本主义制度不满。他在评论机器时代的大纲中说：理想的生活不仅仅是社会财富的平均分配，而且还有文化和精神生活的实现。在这里芒福德接近并发展了马克思的观点，而且他想以美学为主线构成一种新的理论，从某种意义上说，综合并发展了马克思和韦伯的部分思想。在芒福德的理论中，未来的社会被称为"基本共产主义"，其观点和马克思的共产主义有很多相似之处，这一点不可忽视。本书通过与马克思和韦伯思想的对比研究，揭示出芒福德的技术文明观。

六、芒福德是美国20世纪最有影响的城市学家和社会学家。其原因之一是芒福德在其多部著作中表现出来的城市和技术普惠思想。芒福德在对西方城市发展历史和技术发展历史的追述过程中始终把普通的市民百姓的利益考虑在内。在我国时下正在进行的工业现代化和城镇化飞速发展的特殊历史时期，芒福德的这一思想很值得我们借鉴的。本书通过文本研究对芒福德在其《城市文化》、《城市发展史》、《技术与文明》，及《城市展望》等著作中表现出来的城市和技术惠民思想进行了细致的挖掘和梳理，以资对我国的城镇化、现代化建设和尽快实现全民共同富裕的宏伟目标有所启发。

七、芒福德思想的博大性还表现在他的全球化意识，和对整个人类在工业现代化和城市化进程中的前途和命运的思考。我们现在已经进入了 21 世纪，世界经济越来越趋向于全球化和国际化。随着现代科学和技术的高速发展，超音速飞机可以很快把我们从地球的一端运送到地球的另一端，实时通讯技术可以使在空间上很远的两个人实现视频聊天，就好像在身边一样。现在的高科技已经使我们居住的地球变成了一个名副其实的"地球村"。面对这样的现实，我们作为居住在地球上的人应该怎样和平相处，怎样避免经济、政治、地理、意识形态方面的争端，共同把我们居住的星球管理好，建设好；如何共同面对大气和水污染、如何共同应对全球气候变暖，海水水平面逐渐升高对整个人类生存环境的影响；如何共同面对诸如地震、海啸、飓风、泥石流等各种各样的自然灾害；如何共同面对威胁人类健康的全球性的传染疾病，诸如 SARS、AIDS、EBOLA 等。除此之外，发达的国家如何帮助贫穷落后的国家消除贫困，治理环境污染，而不是一味地把第三世界作为廉价的劳动力市场、产品销售市场、电子产品的垃圾场和资本剥削的对象，真正实现全世界和平发展，共同富裕。虽然现在已经有各种各样的全球化理论出现，但芒福德在 20 世纪 30 年代至 50 年代提出的一些全球化意识（理论）在今天看来仍然具有很重要的指导意义。本书试图从芒福德的《人类必须行动》(1939)、《生存的信念》(1940)、《以理智的名义》(1954) 等多部著作中挖掘出芒福德的全球化思想。因此，研究他的全球化意识在今天的全球经济一体化的时代就显得格外重要。各个国家无论大小、强弱、贫富，如何互通有无、和睦相处，共同进步，实现世界大同，这也是芒福德的理想。因此，研究芒福德的思想对于实现世界和平与稳定具有很深刻的现实意义和深远的历史意义。

八、芒福德眼中的东方文明。芒福德的作品中对"巨机器"对人的异化主要是指的西方文明。芒福德对东方文明，尤其是中华文明大加赞赏。中国人与自然的和谐相处，中国农业的精耕细作，中国建筑与周围环境的有机融合，都是芒福德用来批判西方文明的参照物。因此，挖掘出芒福德文本中对东西方文明的比较研究，可以增加我们的民族自尊心和对中华传统文化的保护和弘扬提供理论依据。芒福德在考量西方现代化过程中对其他文明的思考，也反映了他的多元文化思想。除了芒福德之外，还有许多西方学者对东方文明给予了充分地肯定，比如像英国皇家科学院院士李约瑟（Joseph Needham）、美国学者林·怀特（Linn White）和罗伯特·谭普尔（Robert Temple）等，所以笔者在探讨芒福德对东方文明的看法时，觉得有必要把其他有代表性的著名西方学者对中华文明的看法也介绍给国内的读者。这些西方学者充分地、实事求是地把中华文明对世界文明的贡献介绍给了西方读者，使许多西方人头脑中固有的偏见得到了纠正。把这些诚实的、公正的西方学者介绍给中国读者，就是对他们所作出的贡献给予充分的肯定。

与以往的芒福德研究相比，本书的一项重大突破之处在于揭示了芒福德思想的跨学科性质和他思想的博大性。这也正是美国学研究的特点。本书的基本观点和创新之处如下：虽然芒福德一生学术涉猎极广，内容包括政治、经济、哲学、历史、文化、科技、建筑和城市规划等，但他的基本出发点是考量人类发展的一个横断面即：现代文明。人在现代化和城镇化进程中应如何生存，在巨大的机器文明面前怎样保持人的本性。芒福德通过对西方现代文明博古通今、穿越时空的思考，不仅为西方，而且为整个人类设计了更能保持尊严、更能实现其内在潜能、东西方文明互补、和谐共处的乌托邦式的美好未来。本书对芒福德思想的整体把握，可以克服以前对芒福德盲人摸象般的片面了解，更容易看清芒福德思想的整体性和系统性。

第一章
芒福德生平简介

芒福德 1895 年 10 月 19 日生于纽约市皇后区法兰盛（Flushing）。他的一生中大部分时间住在纽约。1912 毕业于斯蒂万桑（Stuyvesant）中学。他曾经在纽约城市大学和社会研究新校读过书。后因得了肺结核病而辍学。1918 年芒福德参加了第一次世界大战，作为无线电技术员在部队服役。1919 年退役后加入《拨号者》（*The Dial*，当时一本非常有影响的现代文学期刊）杂志社作副主编。1923 年，芒福德和克拉伦斯·斯泰恩（Clarence Stein）、本顿·麦凯（Benton McKaye）、弗朗克·罗伊德·赖特（Frank Lloyd Wright）等建立了美国区域规划协会（RPAA），倡议限制城市发展规模，以区域作为城市规划的依据。1936 年，他和妻子索菲亚·威腾伯格（Sophia Wittenberg）搬到纽约市达奇斯县阿米尼亚小镇（Amenia）。后来又进入《纽约人》（*New Yorker*）杂志社，做了三十多年的建筑批评方面的专栏作家，对城市规划、建筑等问题进行评论。1938 年，芒福德强烈呼吁美国政府参加反法西斯的第二次世界大战，并支持自己的亲生儿子盖迪斯·芒福德（Geddes Mumford）参军。1944 年他唯一的儿子盖迪斯在意大利战场不幸阵亡。1946 年，当原子弹在日本的广岛和长崎爆炸后，芒福德非常震惊，并马上参加到反对发展和使用核武器的运动之中。芒福德是美国最早的一批反对发展和使用核武器的知识分子之一。1965 年，越南战争爆发，芒福德积极撰文强烈反对美国卷入越南战争，芒福德当时就认为越南战争是非正义的。[①]

芒福德的早期著作主要涉及文学批评，写过《金色日子》和《赫尔曼·麦尔维尔》等专著。这两本著作对文学批评影响很大，《金色日子》掀起了对美国超验主义作家像罗尔夫·埃莫森、大卫·索罗及瓦尔特·惠特曼等新英格兰作家的研究热潮。芒福德的《金色日子》出版于 1926 年，比瓦农·路伊斯·帕灵顿（Vernon Louis Parrington）的《美国的主流思潮》(*Main Currents of American Thought*)（1927）还要早一年。和帕灵顿一样，芒福德没有一分钱的资助和研究基金，完全凭借着自己对美国文学的热爱、敏锐的判断力和超凡的鉴赏力，对美国的新英格兰作家给予了拓荒者的评价。[②]《赫尔曼·麦尔维尔》的出版也掀起了学术界对麦尔维尔的研究兴趣。

之后芒福德又出版了《褐色年代》（一本关于建筑和城市规划的著作），这本书的出版奠定了他在建筑和城市批评方面的地位。芒福德对建筑和城市规划的批评不仅从美学方面，更重要的是从社会学方面对城市和建筑进行了探讨。在他早期的关于城市生活的著作中，芒福德对人类能够驾驭建筑和城市，能够创造出适合人类居住的城市环境充满信心。他在建筑批评中始终站在城市普通居民的立场，反对大企业和大财团对城市环境的任意破坏。他积极主张城市规划师和建筑师等够坚持正义，为公众着想，在城市规划的过程中能够抵制金钱的诱惑和权力的威胁，按照适合人们居住和日常生活的原则进行规划和设计。芒福德极力反对自由资本主义

---

① Donald L. Miller, *Lewis Mumford*: *A Life*, Weidenfeld & Nicolson, New York, 1989.

② Li Shuxue *Lewis Mumford*: *Critic of Culture and Civilization*, [M] Peter Lang, 2009, pp.31-33.

的杂乱无章的城市发展模式。他的《褐色年代》对亨利·何伯森·理查逊（Henry Hobson Richardson），路伊斯·沙利文（Louis Sullivan）和弗朗克·罗伊德·赖特（Frank Lloyd Wright）的建筑作品和城市规划进行了评论，使这些当时名不见经传的建筑师和规划师闻名于世，名载史册。

　　1934—1951 年，芒福德完成了四卷本的"生命再生"系列丛书。这些著作包括《技术与文明》、《城市文化》、《人类的生存条件》、《生命行为》等。这些著作概括了技术、城市、和思想在西方文明发展中的地位和作用。在这些著作中，芒福德大胆地反对实用主义的世界观对西方文明的危害，并提出了自己的有机人文主义的整体发展思想。芒福德的著作十分关注现代生活。他认为虽然现代生活作为一个整体，为人们提供了广阔发展的可能性，但与此同时西方资本主义社会科学和技术的单方面的长足发展，只注重理性、数据、数量和利润，忽视了人的感情、性爱、对艺术的追求和欣赏，忘记了人的最终目的，从而又破坏了这些可能性，最后导致人类目的性的缩减。

　　他用具体的实例清楚地向人们展示了现代思潮打开了潘多拉的盒子，创造了许多技术的奇迹，而这些奇迹又最终将人类所有的目的全部吸入《机器的神话》（这是芒福德后期两部著作的书名），使人成为了机器的附属品。[1] 芒福德的这些著作实际上都是针对西方资本主义现代社会机器文明对人性的挤压、扭曲而写的。芒福德试图在一系列的著作中寻找导致这些弊端的原因和矫正这些弊病的良方。怎样使人们在充分享受现代文明所带来的一切便利的同时，又不沦为机器的奴隶。因此，芒福德既不是一个技术决定论者，也不是一个技术悲观论者。

　　有趣的是，虽然芒福德的著作涉及领域广泛，但是他从来没有获得

---

[1]　Eugene Halton，*A Brief Biography of Lewis Mumford*，http：//www3.nd.edu/~ehalton/mumfordbio.html.

过一个大学学位。也没有在哪一个美国大学做过专职教授。芒福德主要以城市中受过良好教育的中产阶级知识阶层为对象从事撰稿工作。但是，他却在许多著名高校如麻省理工学院、斯坦福大学、北卡罗来纳大学、宾夕法尼亚大学、达特茅斯大学等做过2—6年不等的兼职教授。如果捕鲸是赫尔曼·麦尔维尔的"哈佛和耶鲁"，芒福德说，"Mannahatta（曼哈顿的原名）就是我的大学，我真正的母校"。从儿童时期开始，芒福德就在外公查尔斯·格里爵（Charles Graessel）的带领下，漫步在曼哈顿著名的环河路（Riverside Drive）、中央公园、布鲁格林大桥上。芒福德长大后又受到了苏格兰城市学家帕特里克·盖迪斯（Patrick Geddes）的深刻影响，开始对纽约市进行徒步考察、观察、记录、描绘和思考，这些结果可以在他所有的著作和绘画中感觉到。① 芒福德对城市建筑、城市文化、城市美学和城市社会问题的兴趣、关注和思考都可以从他与纽约市的密切关系中找到其历史的渊源。

芒福德在其自传《生活札记》中有一段描写记录了他年轻时漫步在布鲁格林大桥上一刹那的情景，"在那一时刻，整个世界在我面前打开，向我挑战，向我召唤，向我索取某种需要倾其一生都无法完全给予的东西，但是用它自己形象的保证把我的整个能量提升到一个更高的程度。在那突然一刻力量和美德的显示中，所有少年时代的困惑迷茫从我脑海消失，我信心满满地走在那狭窄的、富有弹性的桥板步行道上，这一信心不完全来自孤独的自我，而是来自我所遭遇的并与之交会在一起的集体能量。"② 这一段的描写实际上反映了芒福德年轻时代的一次突然的顿悟，这一顿悟决定了芒福德的一生。芒福德没有成为传统意义上的作家，但是这

---

① Eugene Halton, *A Brief Biography of Lewis Mumford*, http://www3.nd.edu/~ehalton/mumfordbio.html.

② Lewis Mumford, *Sketches from Life: the Autobiography of Lewis Mumford*, *the Early Years*, New York, Dial Press, 1982, 130.

一顿悟却促使他开始探索城市的问题，怎样建设和规划城市，城市的文化、技术和历史，以及城市对人类生活的影响。芒福德几乎所有的作品都围绕着城市，芒福德一生研究和探讨的归根结底就是人类与城市、人类与技术的关系。①

尽管他看到随着技术的不断发展，如果人类驾驭技术的能力不能和技术的进步同步，将可能导致灾难性的、去人性化的发生，但是芒福德同时又相信人类本性中的有机性的存在，"历史中的纤维结构"，可能会产生促使巨技术转变的基础。芒福德充满激情地倡导在更大的计划中，恢复人类目的的有机性，这需要人性能够驾驭"人类的生物性需要和技术性压力"，能够从"许多以往文化的有机合成中自由地汲取营养。"②

他在 1940 年出版的《生存的信念》和 1946 年出版的《生存的价值》中认为如果要创造平衡的人类，和其他好心的人们进行广泛的世界性的合作，我们就必须像重视科学、发明、和实用的机构一样，同等重视情感的激发和道德及美学价值的表达。只注重其一而忽视其二是无能的表现。价值不是现成的，他们是通过那些倾其一生发现价值并表达价值的人们，决心把他们自身的经验和过去形成的历史的规律相结合而产生的。芒福德主张通过阅读文学和哲学大师们的著作，像苏格拉底和圣·弗朗西斯，但丁和莎士比亚，艾米丽·迪金森和克里斯提娜·罗塞蒂的著作，还有学习探险家沙克尔顿和那些故意把自己暴露在黄热病的威胁之下去拯救病人的医生们，去领悟究竟什么是爱的真谛。芒福德热情歌颂了这些心中充满大爱的人们，认为爱珍藏在那些高尚的人们心中。芒福德认为美德不是一种化学产品，而是一种像语言和文学一样历史性的产品，这意味着如果我们停

---

① See Li，Shuxue *Lewis Mumford: Critic of Culture and Civilization*，[M] Peter Lang，2009，p.25.

② Eugene Halton，*A Brief Biography of Lewis Mumford*，http://www3.nd.edu/~ehalton/mumfordbio.html.

止关心它，停止培育它，停止传播它丰富的价值，它的一大部分将变得毫无意义，就像我们失去了打开一门死去了的语言的钥匙一样。芒福德的这些著作写于第二次世界大战期间，亲身经了两次世界大战，看到了战争的残酷和人类之间的仇恨，因此主张人们应该回归基督教的博爱精神，主张用爱代替仇恨、用合作代替竞争、用互利共生代替侵略和掠夺，从而实现人与人、国与国之间的和平相处，共同享受由于技术和文明的进步带来的各种物质和精神成果。①

芒福德在 1967 年和 1970 年分别出版了《机器的神话：技术与人类发展（Ⅰ）》和《机器的神话：权力的五角大楼（Ⅱ）》。《机器的神话：技术与人类发展（Ⅰ）》是一本解开关于二十世纪中心问题的思考，也就是为什么技术的进步带来了如此灾难性的毁灭？这一问题是奥斯瓦尔德·斯宾格勒在《西方的衰落》（*The Decline of the West*）一书中提出的。芒福德经历了他认为是人类历史上最糟糕的二十年，在此期间发生了德国的希特勒和意大利的墨索里尼法西斯的极权统治和美国在日本广岛和长崎制造的、人类历史上第一次发生的原子弹爆炸等重大历史事件。作为一名有良知的，富有强烈责任感的知识分子，芒福德在思考问题究竟出在哪里？难道现代权力和生产力与大规模的暴力和毁灭之间的联系仅仅是一种偶然性吗？

在这本书中，芒福德把技术的滥用问题放到最大可能的历史背景之下进行了考察。芒福德认为现代技术的宗教神话完全是基于对人类起源和人类本质的误解。此外，我们现代关于进步的理论，既认为技术的进步一定带来人类的进步的观点，只是统治阶级自埃及的法老开始一直使用的一种获得和拥有权力的做法，是用科学打扮起来的一种辩护。在这本书中，

---

① Lewis Mumford, *Faith for Living*, Harcourt, Brace and Company, New York, 1940.

芒福德分析和解剖了技术的复杂性—起源、内部机制，以及它的历史结果。这本书比以往的著作更加厚重、宽广和具有解释力。

《机器的神话：权力的五角大楼（Ⅱ）》是第Ⅰ卷的姊妹篇，芒福德接着解释了现代"巨机器"的兴起。这是一本对"变态的"现代科学和技术状况的抨击。虽然大多数评论家认为《权力的五角大楼（Ⅱ）》比《技术与人类发展（Ⅰ）》更好，但是多纳德·米勒认为第Ⅰ卷却是一本更具独创性的重要著作。因为在这部著作中，芒福德提出了一个重要的观点，掌握这一观点是理解所有芒福德关于技术著作的关键。芒福德试图颠覆人们普遍接受的关于人类首先是一种制造工具的动物的唯物史观。芒福德认为这一观点是导致"巨机器"发生和发展的根本原因，是导致现代社会只注重机器、物质、利润，忽视精神世界、美学和情感的根本原因。和马克思和卡莱尔等人的观点完全相反，芒福德认为人首先是一种爱美的、喜欢舞蹈的、喜欢模仿的、喜欢梦想的、制造图腾和仪式的动物。总之，芒福德在这部著作中试图建立一种人类远古时代的神话，来对抗人类对机器和物质的崇拜。这一观点是否正确还有待考古学和人类学进一步的验证。① 但芒福德的目的是不言而喻的。

芒福德通过一生勤奋地笔耕，在晚年获得了美国政府和文学艺术界的承认和赞许，也得到了世界其他国家的认可。1961 年，芒福德的著作《城市发展史》被授予"国家图书奖"。1963 年，大学艺术学会授予芒福德"弗朗克·朱维特·马瑟奖。1964 年芒福德被授予"总统自由勋章"（Presidential Medal of Freedom）。1975 年，芒福德被英国王室授予"大英帝国骑士勋章"（Knight Commander of the Order of the British Empire）。1976 年被授予"德尔杜卡文学终生贡献世界奖"（Prix mondial Cino Del

① Donald L. Miller, *Lewis Mumford*: *A Life*, Weidenfeld & Nicolson, New York, 1989, pp.520-542.

Duca）。1976 年被授予"国家艺术奖章"。

芒福德于 1990 年 1 月 26 日死于纽约市阿米尼亚小镇的家中，享年 94 岁。九年后，他的住所被列入"国家历史圣地"（National Register of Historic Places）。芒福德关于城市、建筑、技术、文学和现代生活的著作产生了广泛的国际影响。马尔科姆·考莱称赞他为"最后一个人文主义者"。他对文学批评、建筑批评、美国学、城市历史、文明和技术，以及区域规划、环境保护、美国公共生活的贡献使他成为 20 世纪最具独创性的作家。

芒福德喜欢被称之为"作家"，而不是学者、建筑批评家、历史学家、和哲学家。芒福德的著作虽然涉及到这些领域，并使他接触到各种各样的人，像作家、艺术家、城市规划师、建筑师、哲学家、历史学家、考古学家、人类学家等，虽然芒福德在所涉及的每个领域都堪称专家，但是芒福德的著作远远超过了每个单个的领域，使他成为一位当代世界屈指可数的、博学多才的集大成者。任何一个单个的称呼都不能囊括他的思想的宏大性。他实际上是一位在 20 世纪的现代社会中为数极少的一位"文艺复兴"式的、"百科全书"式的人物。因此，如果要给芒福德定位的话，最好的能概括以上各个领域的综合性词汇应该是"现代文化和文明批评家"。①

芒福德对技术史的兴趣和对技术的诠释，以及他的哲学倾向对现在的几位关注技术为人类服务的思想家产生了重大的影响。这些思想家包括贾可·埃吕尔（Jacques Ellul）、威托德·黎辛斯基（Witold Rybczynski）、理查·葛瑞格（Richard Gregg）、埃默里·洛文斯（Amory Lovins）、詹姆斯·鲍德温（J. Baldwin）、E. F. 舒马赫（E. F. Schumacher）、赫伯特·马

---

① See Li Shuxue *Lewis Mumford：Critic of Culture and Civilization*，[M] Peter Lang，2009，pp.26-30.

尔库塞 (Herbert Marcuse)、穆瑞·布克金 (Murray Bookchin)、托马斯·默顿 (Thomas Merton)、马歇尔·麦克卢汉 (Marshall McLuhan)，以及科林·沃德 (Colin Ward)。这些思想家思考的问题直接涉及到技术的发展和决定着现代技术的使用情况。这些现在知名的技术史学家和哲学家们都在自己的著作中对芒福德给予很高的评价，他们的思想直接受到了芒福德思想的影响。①

芒福德对美国的环境保护主义运动也产生了巨大的影响，像巴里·卡门那 (Barry Commoner) 和布克金 (Bookchin) 等都受到了他的关于城市、生态和技术思想的影响。拉马钱德拉·古哈 (Ramachandra Guha) 发现芒福德的著作包含了很多最早的和最好的关于生物区域主义、反核主义、生物多样化、替代能源、生态城市规划和先进的技术哲学思想。②

芒福德的第一部著作《乌托邦的故事》发表于 1922 年，他的最后一部自传体著作《生活札记》在六十年后的 1982 年出版。1986 年，多纳德·米勒 (Donald Miller) 出版了《路易斯·芒福德传记》。芒福德的文献保存在宾夕法尼亚大学的 Van Pelt 图书馆，他的私人藏书和水彩画收藏在新泽西孟莫斯大学 (Monmouth University)。

知识分子这一术语出现于 19 世纪欧洲和俄罗斯。在这两个地方，知

---

① See Gregg, Richard. *The Value of Voluntary Simplicity*, Pendle Hill, 1936, p.32; Ward, Colin. *Influences: Voices of Creative Dissent*. Green Books, 1991, pp.106-07; Wall, Derek. *Green History*, Routledge, 1994, p.91.

② Quoted in Guha, Ramachandra & Martinez-Alier, J., *Varieties of Environmentalism: Essays North and South*. London: Earthscan, 1997. For other works on Mumford's ecological and environmental thought, see: David Pepper *Modern Environmentalism*, Routledge, 1996; Max Nicolson, *The New Environmental Age*, Cambridge University Press, 1989; and BA Minteer, *The Landscape of Reform: Civic Pragmatism and Environmental Thought in America*, MIT Press, 2006.

识分子都是以持不同政见者和革命者的形式出现的。在整个 19 世纪和 20 世纪早期，作为批评家、小说家、和革命者的知识分子（intelligentsia），既是凭借其"无宗教性"，也是凭借其"意识形态的和政治的力量"，以及"它同政府的疏离和对它的敌意"而使自己独具特色。在俄罗斯和法国，这一术语是在"德雷福斯事件"（the Dreyfus Affair）中出现的。他们往往作为政府和社会的批判者，而且作为社会主义者和马克思主义者而出现的。

艾瑞克·卡姆（Eric Cahm）（一位研究德雷福斯事件的历史学家）作了如下概括："德雷福斯事件就这样见证了知识分子的现代观念之诞生，人们认定他是一个团体的成员，这个团体由作家、艺术家以及那些靠他们的知识为生的人……这个获得委任的知识分子被置于了……他所处社会的权力结构之外，而他则以崇高的伦理或理性的原则来发表自己的见解，毫不理会官方的真理。"知识分子有时候作为一名流亡者，感到自己好似浮萍，无家可归，有时候不依附于任何政府组织或学术机构。曼海姆试图将这种不稳定性转化成一种优点；他反对为知识分子贴上资产阶级的标签；他也不认为可以视知识分子为工人阶级。曼海姆认为他们"处在两个阶级之间"，他们相对而言要么是无所属的，要么是"自由飘浮的（free-floating）。这种"独立性"或许可以使知识分子有一种扫视世界的"总体性视角"（total perspective），或许可以使他们能够"被称为漆黑的夜晚扮演守夜人的角色"。①

芒福德实际上继承了"独立"的知识分子这一传统。芒福德一生从来没有在政府任过职，也没有在某个大学做过终身教授。芒福德虽然在麻省理工、耶鲁等大学做过教授，在《纽约人》杂志担任过编辑和记者，但

---

① ［美］拉塞尔·雅各比：《乌托邦之死：冷漠时代的政治与文化》，新星出版社 2007 年版，第 154—169 页。

都是短期的，他一生中的大部分时间主要是作为独立撰稿人，在期刊杂志依靠自己的聪明才智和博学发表文章、出版书籍养家糊口。因此可以说芒福德并没有依附于某个政府机构和事业团体。作为独立于社会权力之外的独立撰稿人，芒福德既不属于资产阶级，也不属于工人阶级。他恰好处于两个阶级之间，是自由飘浮的。既然没有固定的职位，也就自然而然的漂浮于社会的权力之外。他的这种独立性生存方式也就为他提供了一种自由思考的空间，使他具备了一种横扫世界的"总体性视角"，可以毫无顾忌的发表自己的真知灼见。

作为一个有公共道德和良知的知识分子，芒福德在其一系列的著作中，表现出对普通劳动阶层生活状况的关注和城市、技术惠民思想。

芒福德把整个人类的现代处境和命运作为自己考虑问题的出发点和落脚点，这样的宽视角，再加上芒福德看问题的历史性维度，造就了芒福德思想的宏大性和厚重性。芒福德是一个思维缜密，极富正义感，远见卓识的知识分子。芒福德是一个为理想而奋斗，为信仰而活着，为精神而写作的人。芒福德是美国 20 世纪不可多得的一位大学者和"大作家"。

第二章

芒福德的城市生态思想及
对城市生态学的早期贡献

　　本章从芒福德的《城市文化》和《城市发展史》以及其他著作入手，对芒福德的城市生态理论进行比较详尽的梳理和研究，挖掘出芒福德的城市生态建设理念以及对生态城市学的重要贡献。虽然他没有明确提出生态城市的概念，但芒福德已经把生物学的原理运用到城市研究和城市规划领域。芒福德的城市理论已经基本包括了现代生态城市理论的大部分内容。我们在叙述生态城市的发展历史时，不应该忘记或者忽视芒福德对生态城市理论研究的早期贡献。如果芒福德不是第一个具有生态城市思想的人，但至少也是近代自霍华德和盖迪斯之后及其重要的一位生态城市思想的奠基人。

　　城市生态学是研究城市人类活动与环境之间关系的一门学科，城市生态学将城市视为一个以人为中心的人工生态系统，在理论上着重研究其发生和发展的动因，组合和分布的规律，结构和功能的关系，调节和控制的机制；在应用上旨在运用生态学原理规划、建设和管理城市，提高资源利用率，改善城市系统关系，增加城市活力。城市生态学也可简单的定义为是研究城市及其群体的发生、发展与自然、资源、环境之间的相互作用的过程和规律的科学。①

尽管城市生态学自有城市以来自古有之，但一般认为真正意义上的现代城市生态学的兴起是伴随着西方工业的迅猛发展，城市环境遭到严重破坏而出现的。资本主义的财产私有制使城市发展缺乏统一规划，城市呈现出无序发展的混乱状态。资本家为了追求高额利润，不注意城市环境，造成高楼林立，建筑密集，交通混乱，城市环境进一步恶化。面对这样的情况，西方出现了许多有识之士。自英国的埃比尼泽·霍华德（Ebenezer Howard）在 1898 年提出田园城市理论后，1915 年英国生物学家帕特里克·盖迪斯（P. Geddes）又出版了《城市开发》和《进化中的城市》，试图将生态学原理运用到城市规划和建设当中。1916 年，美国芝加哥学派的帕克（R. E. Park）将生物群落学的原理用于研究城市社会，奠定了城市生态学的理论基础。②

在杨小坡的这些叙述中，芒福德对城市生态学和生态城市建设的贡献几乎没有被提及。其实，芒福德在他的《城市文化》（1938）和《城市发展史》（1961）以及其他著作中，继承和发展了霍华德和盖迪斯的思想，形成了比较完善的城市生态思想，为现代的城市生态理论的确立作出了努力。宋峻岭和倪文彦翻译的芒福德的《城市发展史》中文第二版译者序言中也肯定了芒福德对生态运动的贡献。"如今生态保护运动波澜壮阔，但却很少有人知道，芒福德就是这个运动的思想先驱，连这个领域第一个正式组织——罗马俱乐部——也是在芒福德思想理论的直接催生下于 1968 年 4 月建立的。"③

吴良镛在《芒福德的学术思想及其对人居环境学建设的启示》一文

---

① 杨小波、吴庆书编著：《城市生态学》，科学出版社 2006 年版。

② 杨小波、吴庆书编著：《城市生态学》，科学出版社 2006 年版，第 4 页。

③ 路易斯·芒福德著：《城市发展史——起源、演变和前景》，宋峻岭、倪文彦译，中国建筑工业出版社 2005 年版，第 13 页。

中，认为芒福德继承了盖迪斯和霍华德的生态城市和花园城市思想，是生态城市思想的集大成者。吴良镛高度概括了芒福德对生态城市思想的贡献，"若论这两位（盖迪斯和霍华德）伟大的先驱者在实践上的继承者，则当推阿尔伯克龙比（Patrick Abercromble），他的大伦敦规划就是在他们的思想理论影响下的实践，即在大的区域范围内进行大城市及其邻近地区的规划，并运用花园城的思想发展卫星城的建设。而在理论方面的私淑与继承发展者则当推芒福德；他继承了盖迪斯的生态学区域论的观点，也继承了霍华德的花园城市思想；所以可以说芒福德是近百年来城市建设思想史两个重要大师在理论上的集大成者，并且是继往开来、把城市规划学术理论推到一个新高峰的伟大学者。"① 本章拟从芒福德的这两本著作入手，对芒福德的城市生态理论进行比较详尽的梳理和研究，挖掘出芒福德的城市生态建设理念以及对生态城市理论的重要贡献。

一、生态城市理念及系统环境观的主要内容

城市生态最初的提出是以反对环境污染，追求优美的自然环境，保证人们的身心健康为起点的。杨小波在《城市生态学》一书中概括了现代城市生态学主要研究内容：其研究对象是城市生态系统，重点研究城市居民和城市环境之间的关系。其基本内容可归纳为城市生态系统的组成形态与功能、城市人口、生态环境、城市灾害和防范、城市景观及其空间结构、城市与区域可持续发展和城市生态学原理的社会应用等七个方面。② 宋言奇在《生态城市理念：系统环境观的阐释》一文中，对生态城市的系

---

① 吴良镛：《芒福德的学术思想及其对人居环境学建设的启示》，《城市规划》1996年第1期，第35页。

② 杨小波、吴庆书编著：《城市生态学》，科学出版社2006年版，第2页。

统环境观做了比较概括的解释。宋言奇说，随着研究的进一步深入，这一理念已经超越了城市建设与环境保持的层面，进而包括了经济、社会、文化、和历史等因素。单纯的生态环境观被系统环境观所取代。系统环境观在空间方面要求城市生态观与区域环境观有机结合；在时间方面要求城市历史环境观与现实环境观有机结合。在城市生态的功能层面要求城市的经济环境、社会环境与生态环境有机结合。① 其实，这些城市生态理念以及系统环境观的大部分内容芒福德早在 20 世纪 30 年代至 60 年代就有比较详细的论述。

二、芒福德区域城市观

按照杨小坡和宋言奇的理解，生态城市不能就城市论城市，而应强调城市与区域环境的结合。生态城市首先是一个区域城市，离开了区域支撑体系，生态城市的建设是根本不可能的。城市和周围市郊和周边区域是一个密不可分的开放系统。城市与区域之间进行着广泛的物质循环、能量流动、信息传递等，从而保证城市各项功能的正常运行。

芒福德也有关于生态城市相类似的论述。芒福德认为生物有机体为了维护自身的生命形态，必须不断地更新自己，和周围的环境建立联系，城市也是一样，他必须和周边的自然环境和社会经济环境在供求上积极地相互平衡，才会持续发展。芒福德在 1938 年出版的《城市文化》一书中这样写道："每一个生命体都有自身的以及自己种属的生长轨迹，自身的发展曲线，自身的变化区间，自身生存的规律。要保持它的生命形式，它必须不

---

① 宋言奇：《生态城市理念：系统环境观的阐释》，《城市发展研究》2004 年第 2 期，第 71—74 页。

断改变自己,通过与周围环境发生积极的关系使自己的生命得到再生。"①

芒福德从生物学理论汲取营养,认为,城市也跟生命体一样,和周边区域的关系密不可分。芒福德认为城市的发展受到周边区域的自然环境的影响和制约。芒福德在谈到城市与周围区域的关系时,认为在考虑城市与工业的发展时应考虑周围的土壤、地貌景观和农业等因素。应考虑当地的地理、历史、和文化因素。芒福德认为,城市的规模应当是周边区域能够在物质和文化各领域支撑城市的可持续性发展。芒福德强调,区域规划不应该只按照政治和工业管理者武断的区域划分,而应该考虑特定的地理因素以及区域与城市、区域各部分之间的动态平衡。②

芒福德不仅在研究城市的发展过程和城市文化中强调城市和周边区域的关系,在现实实践中也秉承这一原则。1923 年芒福德和麦凯(MacKaye)、斯泰恩(Stein)、赖特(Wright)等美国知名城市规划师成立了美国区域规划协会。这个协会最早是由斯泰恩发起的,参加人员包括城市规划师、建筑师、政府官员、工程师和社会学家等。芒福德对这个协会的贡献在于他不仅是这个协会的主要智囊之一,还利用自己的记者身份和流畅的文笔起草了许多协会的政策文献,出版书籍和撰写理论文章,扩大了协会的影响和知名度。

芒福德不仅在理论上积极探索,而且积极参与城市规划的实践。针对托马斯·亚当斯 1925 年起草的《纽约市及其近郊区域规划》(在这份报告书中,亚当斯主张按照 1965 年纽约人口的估计数量 2100 万的人口规模,提出了既发挥人口集中的优势,又避免人口拥挤的原则,在纽约市建造摩天大楼和高速公路),芒福德和麦凯及其他美国区域规划协会的会员于同年 5 月发表了《纽约州住房和区域规划委员会区域报告》。在这份报告里,

---

① Lewis Mumford, *The Culture of Cities*, Secker & Warburg, 1938, p.301.

② Lewis Mumford, *The Culture of Cities*, Secker & Warburg, 1938, p.315.

他们呼吁建立哈得逊河谷的铁路和公路协调的整体交通体系，严格限制曼哈顿的建筑高度和规模，限制城市房地产价格。在这份报告中，芒福德等不仅考虑到纽约市和周边整个区域的协调发展问题，而且还提出了要控制市区人口增长，控制纽约市发展规模，要求政府部门干预，采取行政手段（政府干预和补贴等）使工业向城外迁移，建立多个小的区域中心城市，从根本上缓解纽约市的人口压力。芒福德等对纽约市及其周边区域的整体规划是把纽约市与周边更大区域在社会和经济方面有机地结合起来。实际上从现在的观点看来，芒福德等人的规划方案更有利于从根本上解决纽约市人口过多和城市过大的问题。①

甚至在更早的时候，在 1919 年，芒福德就为《国家》杂志撰文，提出了综合治理城市住房、工业、交通和用地等问题。芒福德认为住房问题、工业问题、交通问题、和用地问题不能被专家孤立的在不考虑公民利益的情况下单独完成。这些问题相互联系相互作用，只能不断地牢记它们所产生的总体环境，才能有效地加以解决。这里的总体环境指的就是整个区域。也就是说在解决城市住房问题、考虑城市工业布局、规划城市交通和用地等问题的时候，不能孤立地进行，而是要把周边区域的各种物质和地理因素加以全面考虑。我们可以看出，芒福德早在 1919 年就把解决城市问题的根源扩展到这个城市的所在区域。

1931 年芒福德进一步解释道，区域主义就是"一种努力，这种努力承认真实人群、社会形态、和地理关系的存在，而这些存在却被大都市抽象文化所忽视，区域主义反对现代商业企业漫无目的的游牧式经营方式，

---

① John L. Thomas, "Lewis Mumford, Benton MacKaye, and the Regional Vision", in Thomas P. Hughes and Agatha P. Hughes (eds.), *Lewis Mumford: Public Intellectual*, New York: Oxford University Press, 1990, pp.66-99; Rutherford H. Plat, "Toward Ecological Cities: Adapting to the 21st Century Metropolis", *Environment*, Vol. 45, Number 5, pp.12-27.

试图建立一种稳定平衡的和文明的生活方式。"① 芒福德这里所说的真实人群也就是城市公民和区域公民之间的经济利益关系；而地理关系则是城市和周边区域的自然生态关系。这些关系包括城市与周边区域所进行的物质交换、能量流动、信息传递、文化交流等。

生态城市离不开周边区域在各个方面的支撑，而周边的广大区域又需要城市在技术文化各方面的引领和扶持。因此，城市和周边地区的关系是一对相互支撑、相互依存、长短互补的唇齿关系。芒福德在《城市发展史》（1961）一书中，在谈到中世纪欧洲城镇时这样写道："从生态上说，城市与农村是一个整体，谁也离不开谁。如果谁能离开而独立生存下来的话，那是农村，不是城市；是农民，不是自治城镇的公民。"②

芒福德特别欣赏中世纪城市与农村协调发展和有机地生态性结合。他在书中举了德国的一个例子。"梯状的葡萄园、整齐的有风障保护的块块农田、水果蔬菜源源不断送往城市，垃圾粪便，包括佛罗伦萨城羊毛生产中的废弃物都运往农村用作肥料——所有这些都使城市，包括像佛罗伦萨这样的超大城市，与乡村地区形成了不可解脱的利害关系。"③ 对这种城乡一体化，城乡相互依存的状态，芒福德是大加肯定并着力赞赏的。而对于离开农村的支撑孤立发展的城市，芒福德是持否定态度的。芒福德说道："不论多么大的一个城市容器，如果囿于自身的范围之内，想依靠在

---

① John L. Thomas, "Lewis Mumford, Benton MacKaye, and the Regional Vision", in Thomas P. Hughes and Agatha P. Hughes (eds.), *Lewis Mumford: Public Intellectual*, New York: Oxford University Press, 1990, pp.66-99; Rutherford H. Plat, "Toward Ecological Cities: Adapting to the 21st Century Metropolis", *Environment*, Vol. 45, Number 5, p.98.

② 路易斯·芒福德著：《城市发展史——起源、演变和前景》，宋峻岭、倪文彦译，中国建筑工业出版社2005年版，第357页。

③ 路易斯·芒福德著：《城市发展史——起源、演变和前景》，宋峻岭、倪文彦译，中国建筑工业出版社2005年版，第279页。

城墙之内实行以自给自足为目标的局部调整，来解决其面临的问题，这最终将被证明是不可能的。"① 芒福德从西方城市发展的历史中寻找区域生态城市的有效例证。

三、芒福德的系统环境观

按照宋言奇的理解，生态城市是一个以自然环境为依托，以资源环境为命脉的经济、社会、环境协调统一的复合系统。我们在理解生态城市时，必须坚持经济环境观、社会环境观和生态环境观的有机结合。如果说生态城市首先是一个生态良好的城市，是一个宜居的城市，那么，芒福德在 20 世纪 30 年代就洞察了工业文明对环境的破坏，在他的多部著作中倡导建立有益于人们身心健康的城市环境。欧洲和美国工业化和城镇化早期，对环境的破坏可以说是普遍存在且相当严重的，但大多数工业家、市政当局还有经济学家只追求高效率和经济收益，根本无视对环境的破坏。

在工业化和城市化发展早期，许多人一味追求大城市建设，城市越大越好，建筑越高越好，工厂烟囱冒出的黑烟越浓标志着工业化程度越高。芒福德应该是最早关注到工业化对生态环境破坏的学者之一，最早倡导建立生态城市的城市学家之一。芒福德在《城市文化》一书中谈道，由于工业化和城镇化的发展，大片的森林被砍伐，整个生物物种被消灭，一个生态区域的自然的有机平衡被打破，随之而来的是一种简单的、低级的生物秩序。芒福德的《城市文化》（1938）比蕾切尔·卡森（Rachel Carson）在 1962 年出版的《寂静的春天》早 22 年。多数人认为是卡森

---

① 路易斯·芒福德著：《城市发展史——起源、演变和前景》，宋峻岭、倪文彦译，中国建筑工业出版社 2005 年版，第 360 页。

《寂静的春天》引发了美国人对化学农药残留物对人体的危害和对生存环境的强烈关注，从而在 1970 年美国爆发了规模浩大的环境保护运动，最后导致地球日的确立。①

其实，环境保护的思想在美国自约翰·缪尔（John Muir）、约翰·詹姆斯·奥杜邦（John J. Audubon）和大卫·梭罗（David Thoreau）在一个多世纪以前就开始了。② 他们试图建立国家自然公园体系（如优胜美地峡谷等），以保证这些土地不受工业的污染和占用。到 20 世纪 50 年代，美国成立了"荒野保护协会"和"缪尔塞拉俱乐部"，在这些组织的努力下，美国许多知名的自然景观如大峡谷等得以保存下来（美国政府原计划在此处建立水电站）。这些环境保护主义者促使美国通过"荒野保护法"，从而使 900 万英亩的自然生态保护区得以免受工业化的侵扰。③

---

① 蕾切尔·卡森（Rachel Carson）的《寂静的春天》出版于 1962 年，引发了一场保护环境的革命，特别是引起了人们对化学杀虫剂的农药残留物对人体的伤害，以及对环境污染的深切关注，从而导致美国在 1972 年通过立法禁止使用杀虫剂 DDT。

② 约翰·缪尔生于 1838 年 4 月 21 日，卒于 1914 年 12 月 24 日。苏格兰裔美国作家和最早倡导保护荒地的自然保护主义者。他积极活动帮助建立了优胜美地峡谷和红杉国家公园等其他自然保护区。他成立了缪尔塞拉俱乐部，现在这个俱乐部仍然是美国最重要的生态保护组织之一。美国著名的约翰·缪尔步行小道，全长 340 公里就是以他的名字命名的。主要著作有《加利福尼亚的高山》、《我们的国家公园》、《优胜美地》及《我的少年和青年时期的故事》等。他的这些著作和书信拥有成千上万的读者，影响很大。约翰·詹姆斯·奥杜邦生于 1785 年 4 月 26 日，卒于 1851 年 1 月 27 日。法裔美国人、鸟类学家、画家和自然主义者。他最大的贡献是写了一本带有精美彩色图片的《美国的鸟类》的书。这本书记录了美国各种各样的鸟类，他们的形象，生活习性和自然生境。他发现了 25 个新物种。这本书被认为是最完美的鸟类著作之一。

③ Marc Mowrey & Tim Redmond, *Not in Our Backyard: the People and Events that Shaped America's Modern Environmental Movement*, William Morrow and Company, INC., New York, 1993, pp.13-14.

与这些人一样，芒福德在 1938 年就注意到工业化对自然环境的严重污染及对生物物种的灭绝，并严重威胁着人类自身的生存。芒福德在书中痛心地写道，"森林被砍伐，土壤被污染，整个的动物物种像海狸、野牛和野鸽几乎被消灭，与此同时抹香鲸和露脊鲸被严重毁灭，致使有机体在它们生态区域内的自然平衡被打破。一种更低级的、更简单的生物秩序——有时以完全消灭现有的生命形态为标志——伴随着西方人为了他们暂时的、微小的经济利益对自然实施无情地剥削。"[①] 但与这些环境保护主义者不同的是，芒福德关注的是工业污染对城市生活的影响，考虑的是怎样保护城市，建设宜居的城市环境，降低工业污染对人类城市居住环境的破坏。

芒福德注意到工业的发展使人们的居住条件日益恶化，尤其是像纽约这样的大城市，高楼林立，缺乏阳光，致使儿童佝偻病流行，骨骼和全身器官发育不健全，工业城市的尘埃和有害物质使猩红热、麻疹、伤寒、肺结核和嗓子化脓等疾病大面积流行。所有这些疾病的发生，芒福德认为，除了饮食原因外，都与诸如工业污染、住房拥挤、缺乏阳光的城市环境有关。[②]

从婴儿死亡率，芒福德揭示了城市化和工业化给人民生命带来的负面影响。芒福德发现在工业化时期城市的婴儿死亡率反而高于乡村，虽然城市有很好的医疗条件。穷人区高于中产阶级的富人区，人口密度高的区高于人口密度低的区。芒福德认为工业化时期美国用整个国家的婴儿死亡率代替具体的乡村和城市婴儿死亡率的统计数字掩盖了城市环境对人们健康的危害这一事实。

要改变城市环境除了进行改进工业生产技术，减少有毒和有害气

---

① Lewis Mumford, *The Culture of Cities*, Secker & Warburg, 1938, p.151.

② 路易斯·芒福德著:《城市发展史——起源、演变和前景》，宋峻岭、倪文彦译，中国建筑工业出版社 2005 年版，第 151—171 页。

体直接排放到江河、湖泊和大气中之外，从生态城市建设的角度来看，建造有益于人们的身体健康的城市居住环境就显得异常重要。因此，芒福德在1931年出版的《褐色年代》以及1938年出版的《城市文化》等书中就大力倡导城市中自然公园和花园绿地建设。在《褐色年代》一书中，芒福德对位于纽约市中心的中心公园的规划师弗雷德里克·劳·奥姆斯特德对城市环境的贡献，第一次在理论上给予了充分的肯定。在《城市文化》一书中，芒福德还特别注重运动场、游泳池和体育场馆的建设。根据芒福德的叙述，这些设施从城市发展的历史来看，最早都是为有钱和有闲阶层设计的。后来在客观上起到了保护城市环境的作用。

芒福德反对一味的建立大型的场馆而主张在各个社区建立小型的运动场、游泳池和体育馆，这样有利于人们日常健身生活。如果只在市中心建立大型公园和场馆，对于远离市中心的人群来讲，使用起来就要大费周折。芒福德的这种把公园绿地和运动场馆遍布全市的规划思想与现在生态城市倡导的全方位、多功能、立体化绿化体系的建设以及使城市融于自然之中，同时又使自然融于城市之中的原则是完全吻合的。在城市中建设自然公园和绿化是使自然融于城市，而芒福德反对建立大都市，主张建立中小城市就是使城市更好的融于自然之中。

生态城市是一个社会和环境统一的复合系统。除了人与自然的和谐之外，最重要的还包括人与人之间的和谐。"城市最好的模式是关心人和陶冶人"。这也正是芒福德的城市规划理念。芒福德所指的人不仅包括资产阶级上流社会和中产阶级，更重要的也包括城市广大居民。在《城市发展史》一书中，芒福德在肯定17世纪巴洛克规划对城市生态有益贡献的同时，时刻没有忘记城市人口的另一半（下层劳动人民）。巴洛克宽阔的林荫道、开阔的广场、森林公园、花园、图书馆和剧院最早是为宫廷娱乐和有钱人设计的。"巴洛克规划，即使是最好的，它的基础也是最狭窄的。

它是为上等人服务的，它适合他们的状况。"① 在芒福德看来，巴洛克规划的缺陷不是因为他们设计了宽阔的林荫道、森林公园和花园，而在于这些设施是专门为宫廷设计的。这些规划对城市的"基层细胞"没有提供任何有益的东西。

所谓的"基层细胞"就是广大的普通市民百姓。芒福德写道："在它的规划中，没有给当地的市场和学校留出一块场地，它的大广场中的小公园，除了有权进入的人们以外，也没有为邻里的儿童开放一个小小的游戏场。"② 芒福德在这里所要表达的意思是虽然巴洛克规划在自然生态方面是十分宜居的，但在社会方面却是失败的，因为它没有考虑到广大的市民百姓的利益。芒福德的生态城市规划理念中一个很重要的思想是他对普通市民的关怀。他希望所有这些有利于人们身心健康的场所和设施能惠及到普通市民百姓。人与人之间不分阶级、不分种族能够达到和谐相处，生活幸福。芒福德对普通市民的关注反映了他一贯的普惠思想，这一思想将在以后分专章论述。

芒福德把人性，人与人之间的联系和城市看作是事实；而把资本主义的金钱至上，经济至上和政治权力看作实用主义的抽象，是可以改变的。芒福德认为自文艺复兴以来，西方文明在机械文明方面大大增加，突飞猛进；而在区域和世界范围内创造和谐的人际合作和联系方面却相对严重滞后，人们的公共生活随着城市化和工业化在逐渐削弱。芒福德在研究城市的过程中不仅考虑到自然生态，而且还考虑到政治、经济、和社会文化等综合因素对城市发展的影响。这是芒福德有别于其他城市规划师和建筑师的关键所在。多数城市规划师和建筑师只注重建筑美学和城市的外在景

---

① 路易斯·芒福德著：《城市发展史——起源、演变和前景》，宋峻岭、倪文彦译，中国建筑工业出版社 2005 年版，第 416 页。

② 路易斯·芒福德著：《城市发展史——起源、演变和前景》，宋峻岭、倪文彦译，中国建筑工业出版社 2005 年版，第 411 页。

观，很少考虑到这些景观对普通市民日常生活的影响。

芒福德认为要建立宜居的生态城市，除了改变城市的自然环境以外，还涉及到资本主义政体，认为要改变西方文明的寄生和掠夺式的生活方式，必须改变现存的资本主义私有政体。芒福德在《城市文化》一书的导言中说道："城市的改进绝非小小的单方面的改革。城市设计当中涉及到一项更大的任务：重新建造人类文明。我们必须改变这种寄生性的、掠夺性的生活方式，这些消极的东西现在正扮演着如此重大的角色；我们必须创造一种有效地共生模式，一个区域一个区域地，一个大陆一个大陆地不断创造下去，最终让人们生活在一个相互合作的模式当中。"① 实际上，芒福德把建立生态城市中人与人之间的和谐关系扩展到更加广阔的政治层面。芒福德甚至认为可以把生态城市的理论扩展到处理区域与区域之间，大洲和大洲之间的关系。芒福德认为必须在更大的区域空间建立一种有效的共生和合作机制。芒福德认为必须根据基本的人文价值观取代权力意志和利润意志，协调各种社会功能和程序，创建新的城市文明。芒福德说："现在的问题是如何以更基本的人类价值代替权力意志和利润意志为基础，协调一系列的社会功能和程序，这些社会功能和程序在我们以往建造城市和政体的过程中曾一度被误用，从来没有理性地加以利用。"② 芒福德的这一和谐共生、合作的思想反复出现在他的多部著作之中。

生态城市是一个尊重人的环境，无论人们的职业、收入如何，作为生活在这个城市之中的一员，对于如何建设自己的居住环境都有参与城市规划的权利。在生态城市的规划中，普通市民的意见和建议应该得到尊重。在法律制度方面保证城市公民的参与权，将市民参与纳入城市发展的战略之中。其实，关于这个问题，芒福德也早在 1938 年写的《城市文

---

① Lewis Mumford, *The Culture of Cities*, Secker & Warburg, 1938, p.9.

② Lewis Mumford, *The Culture of Cities*, Secker & Warburg, 1938, p.9.

化》一书中已有论述。芒福德认为真正的规划是综合考虑地理，经济和人文因素的。区域规划涉及四个阶段：第一阶段是考察，第二阶段是根据社会理想和目的勾画出需要和活动的大致轮廓；第三阶段是富有相像力的重新架构和规划，第四阶段是被社区接受并通过政治和经济机构变成现实的行动。规划需要在实际施工中不断修改和完善，充分考虑人文社会需求。也就是说城市规划首先是建立在调查研究的基础之上，由城市规划家们综合各方面的情况做出规划方案，最后还要征求广大市民的意见，并在此基础上在实际施工中加以不断改进和完善。这样可以兼顾各个方面的切身利益，保证普通市民的知情权和参与权。①

生态城市是一个关怀人的环境，鼓励人们之间的交往，减少人们之间的疏离感。而生态城市关怀人的主要模式是社区建设。建立完善的社会服务和基础设施以满足人们的物质和精神需要。"正是由于芒福德的思想如此宏博、精深，以至于很难对他的主要思想加以较为全面的概括，但其中的一个重要特点就是强调以人为中心。他认为'一个孤立的人是难以在社会上达到稳定的，他需要家庭、朋友及其同事去帮助维持他自身的平衡'。因此他强调密切注意人的基本需要，包括人的社会需求和精神需求；强调以人的尺度从事城市规划。他提倡重新振兴家庭、邻里、小城镇、农业地区和小城市以及中等城市，对大城市的畸形发展进行了多方面的抨击，把符合人的尺度的花园城作为新发展的地区中心。"②

芒福德在《城市文化》一书中就多次提到社区建设。芒福德主张城市建设应该以社区为单位，建立"多中心城市"，以便各种市政设施，如图书馆、游泳池、公园、绿地等能惠及广大市民。芒福德认为城市规划应该按照功能把多个社区中心分散放置的原则，而不是按照中心化的原则，

---

① Lewis Mumford, *The Culture of Cities*, Secker & Warburg, 1938, pp.376-380.

② 吴良镛：《芒福德的学术思想及其对人居环境学建设的启示》，《城市规划》1996年第1期，第36页。

即按一个占统治地位的中心向外蔓延。芒福德从民生的角度出发认为每个社区中心，每个城市不论人口多少，规模多大，都应该在区域计划中占有相同的"效价"成为独立的单位，而不是从属于一个大的中心或城市。

芒福德这种社区主义的规划理念在 1968 年出版的《城市展望》一书中有更详尽的阐述。《城市展望》是一本关于城市规划的文集。在这些文章中，芒福德对家庭、邻里、社区中心、儿童游戏场、公园、和社区中心等在履行公民的民主生活、培养互助、互敬友爱、团结合作等方面所起的作用给予充分的肯定。

芒福德从社区主义的角度，对斯泰恩和赖特设计规划的阳光花园小区（长岛）和拉德本小区（新泽西）进行了分析，认为他们是邻里单元的成功典范。对法国现代著名建筑师和城市规划师勒·柯布西耶（Le Corbusier）设计的《公园中的城市》提出了严厉的批评。认为《公园中的城市》没有实现培养不断的交往，商品和思想的交流，和作为与他人不断偶遇和交流对话的场所。对弗兰克·劳埃德·赖特（Frank Lloyd Wright）设计的"大英亩城市"也进行了严厉的批评，因为人口过于分散，没有实现"自由和自然邂逅的最大化"和"共同生活的创造"。

总之，从家庭邻里到儿童游乐场，从社区活动中心到市中心的空间绿地，芒福德在城市规划评论中所表现出来的规划理念和判断标准，是看规划是否有利于培养人们日常交际和合作、是否有利于形成人们的地域情感和归属感、是否有利于提高人们社区意识和友好交往。[①] 因此，芒福德所倡导的是建立一种现代化的、自然环境优美、社会环境和谐、更富人情味的城市空间。

综上所述，我们可以看到现代生态城市理念的大部分思想早已在 20

---

①   Shuxue Li, *Lewis Mumford: Critic of Culture and Civilization*, Peter Lang, 2009, pp.173-208.

世纪的 30 年代至 60 年代就已经存在于芒福德的《城市文化》、《城市发展史》、《城市展望》等著作之中。虽然他没有明确提出城市生态的概念，但芒福德已经把生物学的原理运用到城市研究和城市规划领域。但这并不等于我们在叙述生态城市的发展历史时，应该忘记或者忽视芒福德对生态城市研究的早期贡献。如果芒福德不是第一个具有生态城市思想的人，但至少也是近代自霍华德和盖迪斯之后及其重要的一位生态城市思想的奠基人。

第三章

芒福德城市规划理论中的
社区理念

　　芒福德作为美国 20 世纪城市化进程中最有影响的城市学家之一，在《城市展望》（1968）一书中以社区为指导思想对美国以及欧洲的城市规划及现状进行了理性的分析。从家庭邻里到儿童游乐场，从购物中心、社区活动中心到市中心的空间绿地，芒福德在城市规划评论中所表现出来的规划理念，在现代化城市中有利于培养人们日常交际和合作、有利于形成人们的地域情感和归属感、有利于提高人们的社区意识和社会公德意识。我国现在正处在城市化建设的关键时期，研究芒福德的城市规划理论，对我国的城镇化建设具有重要的指导和借鉴作用。

　　我国正处在由农业化向工业化过渡，由农村向城镇化过渡的一个特殊历史时期。随着城市化进程的不断深入，传统的农村生活方式是否应该被现代化的城市生活方式所取代。人与人之间的那种互帮互助，团结友爱，守望相助，疾病相扶的传统道德理念应该不应该被极端的自私自利、金钱万能、冷漠无情的现代都市的价值观来取代。在城市规划中，我们应该通过怎样的城市空间布局留住和延续那种富有人情味的传统的道德理念？如何有效的通过规划和设计建设益居的城市居住环境？怎样在城市规划和小区建设中体现改善民生的思想，体现城市的功能和各种设施在全民中的合理分配和共享。

路易斯·芒福德作为美国 20 世纪最有影响的城市学家之一，在他的《城市展望》一书中以社区为指导思想对美国以及欧洲的城市规划理念及个案进行了理性的分析，并提出了很好的解决以上问题的思路。因此，研究芒福德的城市规划理念对我们的城镇化建设，尤其是小城镇建设具有很强的启发性和很好的指导意义。

一、社区概念的提出

社区的概念最早是由德国社会学家费迪南德·滕尼斯提出来的。滕尼斯在《社区和社会》（1887）一书中认为，社区是指那些由具有共同价值取向的同质人口组成的，是关系密切、出入为友、守望相助、疾病相扶、富于同情味的社会关系和社会团体。人们加入这一团体不是有目的地选择，而是自然形成的结果。美国"芝加哥学派"的领军人物帕克等人认为：社区不仅是人的聚集，也是组织制度的汇集；社区与其他社会群集的根本区别是组织制度。社区的组织制度中包括家庭和其他机构，如教会、学校、社区议事厅、地方剧院和工商企业。[①] 社区还指人类社会群集之间形成的共生关系，即：群体关系中的个体互相独立又互相依存的关系。

然而，沃斯在《城市化，作为一种生活方式》（1937）一书中则认为：现代城市社会是由目的和价值取向各不相同的人群组成的，是由社会分工和契约联系起来的缺乏感情的、关系疏远的组织和团体。沃斯认为随着城

---

① R.E. 帕克著：《城市社会学》，宋峻岭等译，华夏出版社 1987 年版，第 111 页。

市化的发展，社区将会逐渐消失。① 在现代化都市中，社区是否还存在？有没有必要存在？社区的功能如何在城市规划中体现和实现？对这些问题，芒福德提出了自己的看法和指导意见。

二、芒福德的社区理念

《城市展望》是一本关于城市设计的文集。在这些文章中，芒福德对家庭、邻里、社区中心、儿童游戏场、公园、和地区中心等在履行公民的民主生活、培养互助、互敬友爱、团结合作等方面所起的作用十分强调。

（一）对芒福德来说，斯泰恩（Stein）和赖特（Wright）设计规划的阳光花园小区（Sunnyside Gardens）（长岛）和拉德本小区（Radburn）（新泽西）是邻里单元的成功典范。芒福德认为，阳光花园小区虽然受到了"棋局式的街道布局"的限制，规划者成功地在小区内创造了以儿童游乐场、开阔的空间和小型的会议大厅为中心的住房开发模式。

1928 年建造的拉德本小区在芒福德看来代表了"小区完整邻里的新概念"。主要交通要绕道居住区而不是穿越居住区而过。这样的设计格局为小区居民提供相对安全，封闭的空间，提供了居民日常"碰面"的机会。在每个小区中心都有一所小学、一个娱乐场地和一个游泳池。商店和服务区集聚在带有停车场的购物中心。"小区的人口正好可以支撑一所小学"。

拉德本小区的购物中心作为居民"聚合和交互混合的场所"。各居民区由一个"延续的绿色林带"凝聚在一起，这个"延续的绿色林带"既可"作为公园也可作为行人散布的场所"。这种购物中心和延续的绿色林带可

① 谢芳：《美国社区》，中国社会出版社 2004 年版，第 8—11 页。

以把居住在不同邻里单元的居民汇聚在一起。这种强调公共空间作为联结不同的个人和不同的邻里单元的场所，反映了芒福德强调社区建设的思想。芒福德认为人是社会的人，需要公共空间以便实现公民之间的交际、合作与交融。

芒福德认为，美国的大部分城市缺乏公共空间、拥挤的市中心和中上阶层居住的具有公共空间的郊区不能产生不同种族、不同阶层之间的正常交互作用，因而阻碍了民主和健康社会生活的实现。芒福德认为健康的社会生活是城市的基本意义。

芒福德的观点和美国当时的时代问题密切相关。他试图在城市设计领域解决美国人口向郊区的迁移和降低人们每天花费在往返于工作地的城市和居住地的郊区等社会问题。他也在试图解决美国社会不同收入和不同种族在居住方面的隔离状态和美国社会的分化状态。和中国目前的状况相反，居住在城市中心的大多数美国人是移民、低收入阶层、和有色人种；而美国的上中产阶层和富余阶层一般居住在郊区。①

因此，芒福德的城市规划理念不仅要为城市居民和郊区居民提供适宜的居住环境，而且具有实现公共利益合理分配的含义。芒福德提出的资源和设施的非中心化以惠及整个区域就是要实现低收入阶层和高收入阶层的公共资源和设施的平均分配。这种城市设计理念有助于防止自由的个人主义极端自私化的产生和培养公民的公共意识。这种思想和公民人文主义的传统相吻合。②

（二）芒福德对 1957 年美国国会通过的花费 26 亿美元建造的高速公路议案的反对，也展现了他对城市空间里邻里区的保护。芒福德建议高速

---

① Jackson, Kenneth T. *Crabgrass Frontier: the Suburbanization of America*, New York: Oxford University Press, 1985.

② J.G.A Pocock, *The Machiavellian Moment: Florentine Political Thought and the Atlantic Republican Tradition*, Princeton University Press, 1975, p.80.

公路遇城绕城边而过，而不是穿城而过，以防止城市中心被高速公路和停车场破坏（芒福德的这一思想在当时是非常具有独创性的，因为，当时流行的做法是高速公路穿城而过。这一做法破坏了城市的一致性和整体性。）他建议在城市边沿建造停车场，进城的人们可弃私车换乘公交车，以防止市中心被轿车的侵入，保护市内环境和行人的利益。这种对市中心环境的保护，实质上是对居住在市中心的低收入阶层利益的保护。从某种意义上来说，对城市中心的邻里区和行人的保护使芒福德在城市规划领域成了低收入阶层和有色人种的代言人。但芒福德对城市公共空间的保护从某种意义上来说也是对城市公民基层民主活动和社区集体意识的保护。

（三）在《昨天的城市的明天》(1962) 一文中，芒福德对法国现代著名建筑师和城市规划师勒·柯布西耶（Le Corbusier）设计的《公园中的城市》提出了严厉的批评。这项工程把六十多层高的摩天大楼群建在四周的田野中，高速的运输路线从不同层面通向市中心，各个大楼之间有足够的开放空间。大楼中心的外围是高度相同的居民公寓。这种城市规划解决了日益增长的人口问题。从技术上来讲，勒·柯布西耶积极地采用了新的机械技术；从环境上来说，居民可以享受到阳光、周围的绿色田野和新鲜的空气；从视觉上来说，这些摩天大楼四周被绿地环绕，看上去非常摩登和雄伟。

但芒福德认为，这项工程缺乏社会活动的公共空间。"总而言之，他 [Le Corbusier] 拥抱了除了现代城市的基本的社会和公民特点之外的各个特点。"由于公民意识是社区主义的核心部分，因此，芒福德在城市设计中对社会和公民利益的强调表明了他通过城市空间培养公民的公民意识和公民有效履行公民责任的愿望。芒福德认为，《公园中的城市》缺乏这些社会和公共空间，使这个城市变成"一个不能生育的杂种"。

芒福德想要实现的实际上是"运动的自由、节奏的变化、不同目的地的选择、自然的邂逅、和商业机会的增多，即：城市生活的多样化"，而不是"高速公路、停车场、和垂直的流动"。芒福德认为，人应该占据城市画面的中心。"总而言之，《公园中的城市》没有实现培养不断的交往、商品和思想的交流、和作为与他人不断对话的场所。"因此，《公园中的城市》不符合芒福德把城市作为实践社区主义的空间。

《公园中的城市》没有在高楼大厦之间提供实现社会生活的开阔空间。垂直距离阻碍了邻里之间的日常相互交往和自然邂逅的机会。没有可供居民活动的中心空间，要形成社区邻里的集体意识是很困难的。芒福德所指的功能性的开阔空间是"用于非视觉的目的，用于邂逅和对话，用于儿童游玩、园艺、游戏、散步、恋爱，以及户外休闲娱乐的场所"。① 这样看来，《公园中的城市》不可能实现完整有机的城市社区。

（四）在《反城市的大都市圈》一文中，芒福德对弗兰克·劳埃德·赖特设计的"大英亩城市"的分析也是出于同样的思想。芒福德对作为建筑设计师的赖特欣赏有加。赖特的"草原之家"实现了人为的建筑和周围大自然地貌和景色的有机的融合。然而，当芒福德对他的"大英亩城市"品评时，原来的赞美却变成了严肃的批评。作为建筑设计师赖特可以说是无与伦比，然而作为大规模的城市规划师，芒福德对赖特怀有异议。

芒福德认为，赖特的"大英亩城市"把自给自足的家庭住房作为单元进行城市开发，每个家庭占地 1—3 英亩，在草原上不断地重复这种格局，类似的长方形地块在空间上依次排列，造成社会功能的最小化。② "大英亩城市"的占地面积相当于纽约市的中心公园的面积，仅安置 800 户大约 3000 居民。芒福德认为，把人口分散在如此奢侈的面积上，虽然从卫生和家庭价值来讲是值得称道的，然而，却是一个"反城市"。

这种人口的过度分散对社会交往和社区意识的形成是有百害而无一

---

① Lewis Mumford, *The Urban Prospect*, [M] Secker & Warburg, 1968, pp.119-126.

② Lewis Mumford, *The Urban Prospect*, [M] Secker & Warburg, 1968, p.130.

利的。芒福德所强调的是"自由和自然邂逅的最大化",和"共同生活的创造"。根据芒福德的观点,城市的实质是建立一个类似磁铁一样的具有聚合力的空间核把丰富多彩的不同功能和不同目的的人群集中在一起。缺乏这种空间核和许多子空间核,城市生活就缺乏混合、会面、和动员的器官。

(五)城市设计的成功范例在芒福德看来是埃比尼泽·霍华德的《明天的花园城市》。霍华德试图建立一系列的由"快速的运输系统"连接起来的"多个中心",周围由大约 5000 英亩的永久的绿色林带环绕的小城镇以解决英国日益增长的人口问题。霍华德建议每个新城镇的人口可控制在32000 人左右。① 芒福德对霍华德的建议大加赞赏。用芒福德自己的话说,霍华德想建立的是"一个解决城市发展的有机的方法,一个不是受到自然障碍和经济资源限制的城市,而是一个结合了自然和人为社会目的的城市"。这是一个"小到能够驾驭","大到能够产生多样化和丰富多彩的社会生活"的城市。②

综上所述,我们可以看出,芒福德在对美国和欧洲的城市规划和小区建设个案的评价过程中表现出对公共空间的强调。从家庭邻里到儿童游乐场,从购物中心、社区活动中心到市中心的空间绿地,芒福德在城市规划评论中所表现出来的规划理念有利于培养人们日常交际和合作、有利于形成人们地域情感和归属感、有利于提高人们社区意识和社会公德意识。与沃斯正好相反,芒福德认为在现代化城市中,人们的社区意识不仅不应削弱,相反更应该通过城市空间的有效规划和布局进一步得到加强。从而,使现代化城市成为一种更适合人居,更有人情味的城市空间。

---

① Peter Hall, *Cities of Tomorrow: an Intellectual History of Urban Planning and Design in the Twentieth Century*, Oxford: Blackwell, 1988, p.98.

② Lewis Mumford, *The Urban Prospect*, Secker & Warburg, 1968, pp.145-146.

第四章

芒福德城市"罗马化"现象之论述
及对我国城镇化建设的启示

在以"大都市"和"城市群"为中心的都市化进程中，城市规模已成为一个很重要的问题。大都市一方面代表了一个国家和地区的经济实力和文明发展的程度；另一方面，也带来了许多诸如：交通拥堵，物价高昂，生活成本增加和城市环境恶化等问题。我国的城镇化建设如何发展才能避免芒福德所说的城市的"罗马化"现象和现代"都市病"。本章通过对芒福德的城市规划理论的梳理，对照我国现在城镇化过程中存在的问题，提出了解决问题的一些思路。笔者认为，芒福德的中小城镇发展理论及把大城市的各项城市技术、设施和福利向中小城镇和农村扩散的理论对我国全面建设小康社会，实现全民共同富裕具有重大借鉴意义。

所谓城镇化或城市化，一般来说就是农村人口迁移到城市或农村地区转变为城市地区而使城市人口增加、比重提高的过程。[①] 随着我国的改革开放和经济的持续高速发展，我国的城镇化发展迅猛。2009 年我国的

---

① 王桂新：《中国"大城市病"的预防及其治理》，《南京社会科学》2011 年第 12 期，第 55 页。

城镇化率已达到 46.6%，2012 年中国常住人口化率已达到 50%。① 在中国的城市化进程中，专家们提出了各种各样的发展模式，诸如大都市发展模式、文化城市发展模式、生态城市发展模式等。有的学者热衷于大城市发展模式，认为大城市可能产生"大城市病"，但大城市未必一定产生"大城市病"，并认为"大城市病"可以通过合理的规划得到解决。② 但是近几年的城市发展实践却证明了在以"大都市"和"城市群"为中心的都市化进程中，城市规模已成为一个很重要的问题。大都市一方面代表了一个国家和地区的经济实力和文明发展的程度；另一方面，也带来了许多问题。大都市一方面聚集了越来越多的人口，呈现出巨大的繁荣景象：高楼林立，各种名贵轿车川流不息，商场酒店天天爆满；但另一方面，在这些表面繁荣的背后，却是交通拥堵、高昂的物价、住房的短缺、人们生活成本的增加和城市环境的恶化等。

城市的规模究竟有多大才算达到了极限，恐怕没有一个确切的数字，但是，城市的发展的确有一定的极限。超过这一极限，各种问题就会爆发，城市将逐渐衰落。芒福德在其《城市发展史》一书中用城市的"罗马化"作为大都市消亡的典型例证，说明城市的发展规模是有一定限度的。当然导致城市消亡的还有其他诸如自然灾害、外敌入侵、政治制度、经济形态、和思想文化等许多因素。但是伴随着城市规模"摊大饼"式的无限扩大，各种各样的城市病就会自然出现。

从"磁体"功能来看，城市发展的活力源泉在于吸附和聚集越来越多的人口、资源、资本、信息等；另一方面，从"容器"功能而言，一旦城市吸附的东西超过城市可承载的底线和极限，势必导致城市"容器"功

---

① 《中国常住人口城市化率已达 50%　过去十年城市化模式不可持续》，人民网 DB/OL（http://politics.people.com.cn/GB/99014/17945173.html）2012-09-24。

② 王桂新：《中国"大城市病"的预防及其治理》，《南京社会科学》2011 年第 12 期，第 57 页。

能的严重损伤并最终导致城市的解体。本章将根据芒福德反对特大城市、提倡中小城镇建设的思想和城市技术惠民思想，反观我国大都市目前出现的日益严重的"大都市病"，提出大力建设我国中小城镇及实现广大农村地区居住区的就地城镇化改造，以实现全民共同富裕的现代化目标的发展思路。

一、城市的"罗马化"现象和现代"都市病"

芒福德以罗马城为例阐明了城市"罗马化"这一观点。城市在物质上过度扩张与文化上的日益衰退是导致城市"罗马化"的根源。芒福德说："罗马城的解体是城市过度发展的最终结果，因为城市过度发展会引起功能丧失以及经济因素和社会因素的失控，而这些因素都是罗马继续存在必不可少的。"[①] 芒福德总结出大城市离开周边地区的支撑过度发展所带来的必然后果是："哪里的人口过分密集，哪里房租陡涨居住条件恶化，哪里对偏远地区实行单方面的剥削以致不顾自身现实环境的平衡与和谐——这些地方，罗马建筑和传统的各种前例便几乎都会自动复活。"[②] 芒福德对罗马城解体之前的描述也是现在大多数国际大都市和地区中心城市的真实写照。"要有最大的博物馆、最大的大学、最大的医院、最大的百货公司、最大的银行、最大的金融集团和公司，这些都成了大都市的基本要求，而生产最大数量的发明、最大数量的科学论文、最大数量的书籍成

[①]　路易斯·芒福德著：《城市发展史——起源、演变和前景》，宋俊岭、倪文彦译，中国建筑工业出版社 2005 年版，第 256 页。

[②]　路易斯·芒福德著：《城市发展史——起源、演变和前景》，宋俊岭、倪文彦译，中国建筑工业出版社 2005 年版，第 259 页。

了大都市成功的标记。"①

芒福德在 20 世纪 60 年代所批评的西方城市的"罗马化"现象在我国现在的都市化进程中似乎有重新再现的可能。看看今天的北京、广州、上海等国家一线城市和各个省会二线城市，我们就会理解芒福德所说的城市的"罗马化"正在我国的多数城市逐步变为现实。有关统计显示，1995年，约有 50 多座中国城市打出建设"国际大都市"一类的旗号；1996 年，这个数字升到 183 个。这些城市既包括大城市上海、北京和所有的省会城市和直辖市，同时也包括次一级的深圳、大连、珠海、青岛、汕头等中小城市。甚至连三亚、丹东、满洲里这样的小城市也不切实际地给自己贴上"国际大都市"的标签。② 这在某种意义上反映出中国城市普遍出现规模失控、结构失衡与功能失调。这无疑是一种扭曲的城市发展观。

芒福德认为城市的本质在于"有意义、更美好的生活"。国际大都市的建设难道真的可以给人们带来更加美好的生活吗？无论从芒福德关于城市的理论到现实城市建设的实践来看，答案似乎是否定的。大城市除了过分昂贵的房价以外，由于人口过度拥挤，不仅造成人们日常物质生活的极大不方便，就其社会生活层面来讲，反而不利于日常的人际交流和社区生活的实现。芒福德认为超过一定限度，人口密集甚至会阻碍人们之间的交际，交际建立在熟悉的面孔和重复不断的碰面基础之上。距离和密集同样会阻碍交际生活。由于大城市人与人之间的彼此陌生，缺乏人情味，诱发了部分市民的反社会行为，造成犯罪率升高。

现代大都市的"罗马化"现象的另一种表现是"随着私人小汽车的增多，街道变成了停车场；为了加速交通车流，全市各处建起了宽广的快速

---

① 路易斯·芒福德著：《城市发展史——起源、演变和前景》，宋俊岭、倪文彦译，中国建筑工业出版社 2005 年版，第 544 页。

② 郝涛、李楠：《183 个城市争建国际大都市　全不顾实事求是》，《市场报》2005 年 8 月 17 日。

路，从而又要求更多的停车场和汽车库。为了使车辆方便地进入都市市中心区，规划拥挤的工程师们已经使市中心拥挤的几乎不能再居住下去了。"①

芒福德从普通市民生活的角度高度概括了大城市生活的艰辛。"身体的疲惫、情感的挫折、憋屈的住房、狭窄拥挤的街道（这和我国大都市宽阔的街道是不一样的），交通产生的疲劳和噪声——这些是大城市扩展的最明显的效果。"② 城市漫无边际的发展下去，成了一个"畸形巨大的团块"。"轮廓形状的损失，意志自由的损失，日常活动中经常地挫折和折磨，且不说巨大的崩溃和突然中断——所有这些都成为大都市社会制度的正常现象。"③ 大城市居民由于与自然和人的本性越来越远，成了机器的附属品，"人却反而日益降低为一堆不由自主的条件反射物，没有自己起动的冲力或独立存在的目标。"④

芒福德甚至警告，大都市漫无边际的发展下去，必然出现城市的"罗马化"。城市"罗马化"的症候还包括："竞技场、高耸的公寓楼房、大型比赛和展览、足球赛、国际选美比赛、被广告弄得无所不在的裸体像、经常的性感刺激、酗酒、暴力等，都是道地的罗马传统。……广大民众普遍着迷于各种各样的耗资巨大而又转瞬即逝的时髦活动，也都是道地的罗马作风。"芒福德甚至预言，"这类现象大量出现时，死亡之城即将临近了。"⑤

芒福德研究表明大城市对资源、人才等存在巨大的虹吸现象，认为随

---

① 路易斯·芒福德著：《城市发展史——起源、演变和前景》，宋俊岭、倪文彦译，中国建筑工业出版社 2005 年版，第 561 页。

② Lewis Mumford, *The Culture of Cities*, London：Secker & Warburg, 1938, p.251.

③ 路易斯·芒福德著：《城市发展史——起源、演变和前景》，宋俊岭、倪文彦译，中国建筑工业出版社 2005 年版，第 556 页。

④ 路易斯·芒福德著：《城市发展史——起源、演变和前景》，宋俊岭、倪文彦译，中国建筑工业出版社 2005 年版，第 560 页。

⑤ 路易斯·芒福德著：《城市发展史——起源、演变和前景》，宋俊岭、倪文彦译，中国建筑工业出版社 2005 年版，第 259 页。

着城市化的不断发展，农村人口会大幅度的向城市转移，尤其是年轻人和有才华的人，这样就造成了城市人口的拥挤和农村人口的大幅度减少。由于大城市对乡村和中小城市的资源和人才虹吸，造成大城市对中小城镇的经济和文化垄断。中小城镇和乡村由于资源和人才的缺失，发展缓慢。①

二、芒福德的中小城镇建设思想

芒福德反对大都市建设，反对大都市的拥挤。认为人们热衷于建造大都市其真正的原因是金钱利益的驱使。大都市建设对房地产开发商和资本拥有者有利。因为城市越大，人口越多，地皮就越贵，利润就越大，房地产开发商和资本家就赚得越多。而大都市对普通市民来讲只能带来生活的不便和生活成本的加大。真正的受益人绝非普通的广大市民，而是房主和金融家。站在开发商和金融家的角度来看，他们热衷于建造大都市，因为这将为他们带来更大的经济效益。② 而对于普通市民来讲，大城市和特大城市未必会为他们的生活带来便利。

芒福德在《城市文化》一书中认为从人文的角度看，大城市未必能满足人性的需求。大城市只能造成资本的集中和垄断，使大城市从生产城市逐渐变成消费城市。大城市发展到一定的程度就会超过它周边地区所能支撑其可持续发展的能力。要支撑这个城市的正常运转必须从更远的地区调运各种物质资源。这就增加了了交通运输的压力，产生了不必要的物资的流动，制造了表面上的交通运输的繁忙景象。现在大多数中心城市的情况可能跟这种情况差不多。

---

① Lewis Mumford, *The Culture of Cities*, London：Secker & Warburg, 1938, p.254.

② Lewis Munmford, *The Brown Decades：A Study of the Arts in America 1865-1895*, [M] New York：Dover Publications, 1971.

中小城镇对人际关系的正面影响。中小城镇从房价来看,由于外来人口数量有限,供需相对较平衡,没有大起大落。在社会生活方面,芒福德认为小城镇居民,由于生活范围不大,大家经常见面,彼此相互多少有些了解。人与人之间更容易建立起关系融洽,互帮互助,互敬互爱的邻里关系。在中小城镇和乡村各种传统道德观念对人的行为会起到一定的约束作用,因此人们的思想比较传统、行为比较检点,反社会行为就会受到一定程度的遏制。如果城市过大,流动人口过多,即使大家同住在一座城市也是陌生人。在超大城市,无论你走到哪里,都会看到很多人,但这些人都是陌生人。这就是法国哲学家所说的城市生活的"无名状态"。

而城市生活的"无名状态"会变成一种反社会行为的保护伞。这种"无名状态"对人们行为的影响是显而易见的。有些人在中小城镇或乡村不敢做的事情,在大城市就可以肆无忌惮的去做。在这种无名状态下,城市生活的糜烂,诸如卖淫嫖娼、性放纵、吸毒等各种社会丑恶现象将会出现。芒福德研究发现:警察的数量与城市的大小成正比关系,城市越大,犯罪率越高,需要的警察就越多。

芒福德提出由于大量的人口涌向大城市造成大城市的人满为患,造成大城市交通的拥堵,住房的困难,城市绿地的减少,生存环境的恶化,人们的生活成本越来越大,不堪重负,解决这一问题的根本出路在于建设中小城镇。

芒福德研究显示:资本主义工业化时期,大多数城市从生物学角度来看,是对生命有害的环境。这就解释了美国城市中产阶级在工业化时期,向郊区流动的现象。与中国正好相反,美国的中产阶级和有钱人大多居住在郊区。住在市中心的是有色人种和低收入人群。[1] 因此,芒福德主张建

---

[1] Kenneth T. Jackson, *Crabgrass Frontier: the Suburbanization of America*, [M] New York: Oxford University Press, 1985.

立中小城市。提出在建立新型城市时要综合利用城市优势和乡村优势，建立城乡结合的平衡城市。芒福德认为霍华德的花园城市是适应现代社会发展的成功典范，它吸收了城市的社会优点和乡村的环境优势，是解决现代化过程中大量农村人口涌入城市的有效途径。①

中小城镇由于工业化程度相对较低，环境污染和各种噪音与大城市相比要好很多。中小城镇由于规模不大，工作地与居住地之间的距离不太远（一般骑自行车 10—20 分钟），大大减少了人们每天花费在往返于家庭住处和工作地点之间的时间和精力；大大有助于人们把有限的精力花在工作、生活和文化的创造上，花在娱乐和闲暇上，提高人们的艺术修养和生活质量；由于家庭住处和工作地之间路途较近，走路或骑车就可以到达，人们使用汽车的机会就会大大减少，这样就会大大的节省能源，减少汽车的尾气排放量，有助于节能减排。

芒福德通过研究还表明：西方工业化时期，虽然城市医疗条件比农村发达，但农村人口的平均寿命比城市人口的要高。"乡村生活似乎是最好的，而离开城市越远，越能生活的健康、自由和独立。……在英国，农民和乡间绅士的寿命最长。"② 城市大小和健康，出生率和环境之间存在着相互关系。城市越大，人们的健康状况反而越糟，出生率越低。当然出生率的高低是否和城市规模存在必然的因果关系，还有待进一步的研究。

---

① Shuxue Li, *Lewis Mumford*: *Critic of Culture and Civilization*, [M] Peter Lang, 2009, p.195.

② 路易斯·芒福德著:《城市发展史——起源、演变和前景》，宋俊岭、倪文彦译，中国建筑工业出版社 2005 年版，第 495 页。

三、芒福德中小城市建设思想对我国城镇化建设的启示

我国现阶段大城市的环境状况：我国的大部分城市的空气质量和饮用水质量存在着严重的污染。来自工厂的废气和来自汽车的尾气及各种各样的粉尘悬浮在城市的空气中，造成很严重的空气污染。这种污染的空气遇到连日不开的阴霾，可在数天之内吞噬很多人的生命。据测算一个人每天需要吸入 15 立方米的空气。在中国许多大城市人们变成了终年无休的"吸尘器"。有资料显示，我国每年因城市大气污染造成的呼吸系统门诊病例 35 万人，急诊病例 680 万，大气污染造成的环境与健康损失占中国GDP 的 7%。2004 年中国城市由于大气污染，共造成近 35.8 万人死亡。①

我国大城市的交通状况：据统计截止到 2010 年底，北京市机动车保有量已突破 470 万辆，2010 年一年净增 80 万辆。尽管北京采取了单行限制和单双分号限行的政策，仍无法改变高峰期车多拥堵的现象。有人曾做过估算，堵车期间的车速平均只有 15 公里 / 小时。② 最近在搜狐网《文化重磅》栏目出现了题为"便秘的城市——'大城市病'笼罩中国？"的调查。关于北京市的交通状况有这样一段描述，"我们越来越无法计算从A 地到 B 地的确切时间，即使这条路你走了很多遍。……无论走到哪里，你都无法逃离堵这个字。"生活在北京这样一个人口突破 2200 万常住人口的"巨无霸"超大城市，人们感到每天处于"疲于奔命的状态……心中总有一股火气不能消减，像个液化气罐能被随时点燃。""走到哪里都免不了

---

① 《活在大城市的生命成本　死亡其实并不遥远》（搜狐健康频道）2009-06-02，第81 页。

② 张舵：《北京拟出台一批最严管制政策整治"大城市病"》，《人民网》DB/OL（http：//finance.people.com/nc/13873817.html）2011.02.09。

经历一番肉搏……上班累，放假也累，精神饱满对很多人来说已只是出现在幻觉中的一朵浮云。""……懒得出门，懒得聚会，懒得说话，这样的生存现状蚕食着对幸福的体验。"① 这样的描述真实的体现了普通北京人的日常生活现状。

大城市的生活成本：城市的发展的确给大城市带来许多经济财富和物质条件的变化，但是，在这个城市化进程中，城市人却也付出了巨大的生命和健康代价。上海的调查显示：42%的劳动者处在超时工作状态。"拼命加班"成职场"潜规则"。越来越多的上班族出现焦虑、失眠、记忆力衰退等症状。这是典型的"慢性疲劳综合征"，这成了城市中普遍存在的一种隐形杀手。这种"慢性疲劳综合征"如果得不到治疗，就会恶化为"过劳死"。这些上班族虽然拿着较为丰厚的薪资，但却因加班付出了大量的时间和精力，身体健康被严重透支。

全国调查结果显示：60%的上班族由于频繁加班造成身体状况每况愈下。有的甚至通宵加班，付出了年轻的生命。2006年，南方网刊登了一篇题为《疲惫的中国，加班现象蔓延，每年60万过劳死》，称中国已成为全世界工作时间最长的国家之一。人均工作时间超过日本和韩国。"过劳死"是一种未老先衰，猝然死亡的现象。这是源自日本的一种现代病，因为工作时间过长，劳动强度过重，心理压力过大导致精疲力竭，甚至引起身体潜藏的疾病急速恶化，继而丧命。这种城市现代病正威胁和吞噬着年轻城市白领的生命。有研究报告显示：中年亚健康如果长期不纠正，将来三分之二死于心脑血管疾病，十分之一死于肿瘤，五分之一死于肺部疾病、糖尿病等代谢疾病及意外伤害，只有十分之一有望安享天年。②

① 《便秘的城市——"大城市病"笼罩中国?》，《文化重磅》Vol.132 DB/OL (http：// cul.sohu.com./s2010/citydesease/#zhengzhuang) 2010/10/15。
② 刘士林主编：《2009中国都市化进程报告》，上海人民出版社2010年版，第83—85页。

究竟是什么原因导致这种"年轻时拿命换钱，岁数大后拿钱换命"这样的城市现象呢？我看除了媒体所说的，一是企业普遍推行的"加班文化"，二是同行竞争，三是生活压力所迫之外，恐怕还有更深一层次的社会原因。为什么企业会普遍实行"加班"制度？究其原因还是企业老板片面追求经济效益，忽视雇员健康资本所致。这种加班制度和资本主义工厂主和资本家对工人阶级的残酷剥削没有什么两样。难怪有些学者慨叹：现在中国城市白领的工作状况堪比恩格斯在《英国工人阶级状况》一书中所揭示的情况。[1]

如果说企业老板让员工加班是为了赚取更多的利润，那么员工心甘情愿地加班又是为何呢？除了加班制度和同行竞争之外，恐怕最大的原因还是来自大城市日益增加的生活成本。因为城市越大，地皮越贵，房价就越高，这也是城市发展的一般规律。这一规律芒福德早在 20 世纪 30—60 年代就揭示了。中国城市发展的实践也印证了芒福德的断言。北京市房价这些年一直居高不下，甚至是一路攀升。每次政府出台宏观调控政策以后，房价往往不降反升。房价问题已经变成中国大都市的一个顽疾。大城市房价一路飙升，造成上班族为了保住饭碗，尽快在城市能拥有自己的一个"鸽子窝"，而拼命工作。2009 年以来许多人不堪重负提出了"逃离北（京）、上（海）、广（州）"的呼声，也有媒体把生活在这些大城市称之为"伪幸福"。[2]

总之，从人性的角度来看，一座城市的"宜居"与否与城市规模不一定成正比。有时却恰恰成反比：城市规模越大，人的生活成本就越高，人的幸福指数反而会降低。因此单纯追求高速的经济发展和城市发展规模

---

[1] 刘士林主编：《2009 中国都市化进程报告》，上海人民出版社 2010 年版，第 83—85 页。

[2] 《珠三角部分家庭欲"逃离"一线城市　摆脱伪幸福》，《中国新闻网》2010 年 3 月 27 日。

是一种初级的、粗放式的、片面的城市发展理念。这样的城市发展模式造成城市生存环境的严重污染、工作竞争越来越残酷、都市人的健康资本严重透支、综合幸福指数下降。

其实，解决这些问题也并不难。房价的居高不下主要的原因是求大于供。大城市的外来人口数量巨大，无房户太多是造成房价高的主要原因。首先我们应该明白为什么人们会源源不断的涌向大城市。究其原因不外乎有其三：第一，大城市给人们带来许多的就业机会。由于大城市的不断扩建，经济繁荣给许多外来务工人员带来了工作机会。第二，许多大学毕业生、研究生毕业后愿意留在大城市就业。大城市毕竟对年轻人来说具有巨大的诱惑力。城市的人文景观、文化娱乐活动、职场就业的高起点、信息量大且传播速度快、时尚、美食等各种因素对年轻人来说具有巨大的诱惑力。第三，大都市的原居民更不愿意离开自己的出生地，除非移居国外。归根到底是大城市有许多优惠政策，比如说好的医疗设施、教育政策、市政设施、社会保障等。许多外来务工人员不愿意回原籍的一个很重要的原因就是为子女的教育机会和未来前途着想。有的甚至长期住地下室，以牺牲自己的健康为代价，也要为孩子的未来拼上一把。这就是大城市出现所谓的"鼠族"和"蚁族"的真正原因。说白了就是冲着大城市的教育、医疗、文化资源和各种机会来的。

了解了问题的关键成因是解决问题的前提。只有了解了问题的真正原因，才能对症下药、有的放矢。既然大多数的外来人口都是冲着各种各样的机会和优惠政策而来，那么，我们把这些优惠政策取消不就可以起到釜底抽薪的效果吗？或者，把这些优惠政策扩展到中国的每一个城市和乡村，真正实现全民共同富裕，让全国所有的人口都能享受改革开放和持续的经济发展带来的好处。如果，人们无论住在哪个城市或者乡村，我们的教育机会和各种福利待遇都是均等的，在我看来没有很多的人愿意背井离乡，远离家人在外漂泊。不出家门就有就业机会，不出家门就能有好的医疗条件和好的医生，子女升学在哪个城市参加高考都是一样的录取分数线，在家门口就有一流的教育设施和一流的幼儿园和学校，我相信，除了外出旅游和度假，恐怕没有多少人愿意离开家乡，没有多少人愿意忍受妻离子散、远离父母的情感煎熬。因此，真正解决大都市人口问题的关键是在全国范围内建立一个机会均等，政策均等、福利均等的社会机制，消除任何形式的不平等现象。大力发展中小城镇和新农村建设，把北京、上海等大城市的各种先进的技术、资源和设施向中小城镇扩散。这恐怕是防止大城市"罗马化"现象的有效途径。也是实现全民共同富裕的必经之路。

有些学者认为"真正的城市化并不是来自城市生活，享受大城市的灯红酒绿，而是要让城市的人全身心地融入城市，找到归属感。"要想让农民工真正融入城市是进行户籍制度改革，才能真正解决农民工进入城市而未融入城市的问题。[1] 由于户口不能随人迁移，导致全国约有 3 亿人口与常住人口分离，如果加上 5800 万农村留守儿童、夫妻分离、老人与子女分离等情况，受此影响的总人口约有 5 亿多。如今，中小城市和部分大中城市的户口都已放开，特大城市尚未放开。[2]

笔者认为让进城的农民享有与大城市居民相同的福利待遇和各种城市的现代化设施固然重要，但解决中国的城市化问题似乎并不是改革户籍制度可以解决的。户口为什么对于中国人来说就那么重要？主要的原因在于户口和各种福利利益联系在一起。这些福利包括：社保，廉租房，最低生活保障，孩子上学，大学录取分数线，军人转业待遇等。如果户籍与这些福利脱钩，人们居住在哪里都可享受同等的福利待遇，户口将不再那么重要。因此，解决中国的城市化问题最根本的出路是建设和发展中小城镇和新农村建设。

---

① 刘士林主编：《2009 中国都市化进程报告》，上海人民出版社 2010 年版，第 154 页。
② 黄冲：《全国 3 亿人与常住户口分离 教育最应与户籍脱钩》，《中国青年报》2009 年 1 月 20 日。

总的原则是按照芒福德的城市和技术普惠思想，使特大城市和大城市的各种福利待遇和公共设施向中小城镇延伸和扩展。使中小城镇的居民和大城市居民在社会保障、廉租房、最低生活保障、孩子上学、大学录取分数等各个方面享受和大城市居民相同的待遇。大城市的各种城市公共设施，诸如：图书馆、游泳池、公园、电影院和文化娱乐中心等各项设施向中小城镇辐射和扩散。使我国的广大村镇居民不离家乡就能享受到都市人所享受的日常城市景观、花园、游泳池、图书馆、好的医疗和各种福利待遇。

用牛文元院士的话说，就是"坚持实现城市公共服务的均质化要求，对教育、医疗、住房、养老保险、社会保障等民生需求实施公平正义的国民待遇"，① 使中小城镇除了在城市规模方面不能与大城市相提并论以外，在城市功能各方面和大城市并无二致。如果让农民和小城镇居民工作不离开原籍，就必须为他们在当地提供就业的机会。因此，要合理安置农村剩余劳动力，根据当地实际物质资源，创建工厂和企业，就地安置农村和城市的剩余劳动力，实现农民的就地城镇化转型。如果能达到这样的目标，大城市和特大城市的人口超限问题和居高不下的房价将从根本上予以解决。

除了环境因素以外，各种各样的外来文化的冲击也可能是大城市人口自然增长率下降的一个重要原因。北京和上海等大都市出现的许多"丁克"族，就是受到美国现代城市文化的影响。但最近确实有关于现代都市青年精子质量下降的有关报道。城市男子精子质量的下降与城市环境之间究竟存在什么样的因果关系，现在似乎还不清楚。但确实有报告显示，精子质量的下降确实和年轻上班族的超负荷工作，身体机能长期缺乏必要的休息和调整，精神压力过大，存在着直接的关系。

---

① 牛文元：《中国新兴城市化报告》，科学出版社 2011 年版，第 3 页。

从现代的角度看，中小城市在经济资源方面，由于城市规模不大，可以依赖周边区域的支撑，减少原材料长途运输的能源消耗，这样也可以大大节省能源，降低各种生产成本，有助于节能环保。发展中小城市，还有一个好处，就是发展当地的工业，可以根据当地的自然资源发展中小企业，吸纳当地的剩余劳动力，减少农民工远离家乡外出务工，造成大城市的人为拥挤，可以消化当地的闲散劳动力。

我国每年一度的春运压力，大城市诸如北京、上海、广州等火车站、汽车站和船埠码头人满为患拥挤不堪的状况，如果按照芒福德的思想，大力建设中小城市，大力发展乡镇企业，使农村闲散剩余劳动力在家门口就业赚钱，这些问题就可从根本上予以解决。农民工可以不必饱受夫妻长期离别之苦，不能履行赡养父母、养育儿女之责任，这样便可以彻底解决广大农村留守老人和留守儿童现象。最近，中央电视台的《今日说法》和《一线》等普法节目报道的大量留守儿童由于长期缺乏必要的父母监管而导致犯罪的报道，让人看了确实触目惊心。究其原因，还是由于父（母）为了生计，不得不远离家乡，抛妻弃子，有的把孩子留给爷爷奶奶，不能对下一代实行必要的监管，导致许多留守儿童结交不慎，逐渐走向犯罪的深渊。

从根本上解决中国留守老人和留守儿童这一社会问题，必须使农村剩余劳动力实现在家门口就业，实现劳动力在当地的就业转型，实现劳动环境的最大人性化。除此之外，还可大大减少人口运输，减少火车、汽车、轮船、飞机每年春运期间拥挤繁忙的景象，大大减少对开次数，节省能源，减少废气排放，这样也有助于实现我国节能减排的预期目标。真想看到有一天中国的农民也能和西方先进国家的农民一样，在农闲的时候不是背着行李卷挤火车外出打工，而是拉着拉杆箱乘坐轮船飞机外出旅游。

所以，芒福德在 20 世纪 30 年代—60 年代提出的规划思想正好适合我们今天的情况。可以说芒福德的思想很有远见，具有很重要的现实意义。中小城市不仅接近自然，生存环境宜居，而且有助于人们之间的日常交往和相互了解，增加人情味，降低城市犯罪，有助于人们参加社区活动，增加基层民主建设。大力发展中小城市的工业化可以使农村剩余劳动力在家门口就业，解决广大农村留守老人和留守儿童问题。发展中小城镇可以从根本上解决农村剩余劳动力大量涌向中心城市，缓解中心城市的人口压力，对特大城市和大城市居高不下的房价起到釜底抽薪的所用。中国的城镇化道路必须实现越来越多的中小城镇的城镇化，而非大量的农民工涌入现有的大城市。农村居民的居住条件和生活方式也需要不断地改变和提高。城市的居住模式和生活方式也需要向农村扩散。农村人也可以按照城市的居住模式建楼房、公园、体育馆、图书馆、村民活动中心、村民议事中心或者村民社区中心等。人口的城镇化转型必须伴随着当地县级和镇一级的工业化和城镇化，实现农业过剩人口的就地转型。大力发展中小城镇建设和新农村建设是我们义不容辞的责任，是我们实现全民共同富裕的必经之路。

第五章
芒福德的技术哲学思想

　　技术在现代社会越来越扮演着重要的角色，它渗透了现代社会生活的方方面面，左右和影响着人们的日常生活。随着我国城镇化、工业化程度的不断加深，西方社会在工业化时期遇到的技术对人们生产、思想和生活方式的影响，在我国也日益凸显。现代技术一方面创造了很多的物质财富，为人们的生活带来很多的便利，但另一方面也给人们的生存环境带来意想不到的破坏和灾难；对人们的生活和行为产生了许多的负面影响和限制。人们应该如何对待现代技术，是屈服于技术对人的统治，使人变成依附于技术和机器的一个不可或缺的部件，还是人应该始终凌驾于技术之上，使技术永远成为服务于人的意志的一种工具？关于技术和人的关系问题，有多种不同的哲学观点。一种是技术决定论，认为技术会不断地创新和发展下去，不管人们喜欢与否，人只能被动地接受并受制于技术。另一种观点是技术只是人的工具，听命于人的控制和意志。关于技术的本质是好还是坏这一问题，工具论者认为技术是中立的，同样的技术既可以造福人类，也可以用来危害人类，关键是使用技术的人。

　　与这些关于技术的一般性讨论不同的是，芒福德提出了一种社会学意义上的技术哲学，即技术为什么样的人服务的问题，是为所有的人服务，还是为少数人服务？芒福德认为技术不仅要为少数富人和统治阶级服务，也应该为广大的人民大众服务。技术不应成为少数人手中维护特权利益的手段，应该成为造福百姓的工具。大多数学者在讨论芒福德技术哲学的文章中，主要把讨论的重点聚焦于一般哲学意义上的技术的本质的讨论，很少有人谈到芒福德技术哲学的社会意义，本章将通过与海德格尔现象学技术哲学的比较，着重探讨芒福德社会学意义上的技术哲学思想。

一、什么是技术？

关于这个问题，传统的看法认为技术是一种工具，一种手段，技术无所谓好与坏，关键是看技术怎样使用。同样的技术可以用来干好事也可以用来干坏事。因此，技术是中性的。技术中性论在我国占有很大的市场。现象学技术哲学的基本看法是，技术是世界的构成方式。海德格尔认为，技术首先是人的活动，存在于人类的劳动之中。技术除了人的主观效用这一有限目的之外，还是人对存在的一种领悟，是人的一种存在方式。在他看来，技术绝不仅仅具有狭隘的工具性意义，同时还具有形而上学的意义，体现了人和人所置身其中的世界之间的关系。技术是一种揭示真理的方式。他说："技术在其本质上实为一种付诸遗忘的存在的真理之存在的历史的天命。……是使存在者显露出来的方式。"① 人们使用什么样的工具就会有什么样的世界，就会有什么样的行为方式，所以工具是能够有所揭示的。

芒福德在其《技术与文明》和《机器的神话》等著作中认为机器是人的各种器官的延伸，② 发明机器的目的是为保护和支撑人类有机体的生

---

① 海德格尔：《海德格尔选集》，上海三联书店出版社 1996 年版，第 932 页。

② Lewis Mumford, *Technics and Civilization*, Harcourt, Brace and Company, New York：1934, p.9.

存，是为人服务的。机器和工具的区别只是在于自动化的程度，工具的使用是人的参与程度更多一些，而机器的使用是自动化的程度更高一些，但还是离不开人的控制。① 芒福德书中的 Machines 指具体的机器，the Machine 则包括各种与机器有关的东西，即机器与技术等。② 芒福德认为机器本身无所谓善恶，人的精神世界决定了机器的善恶性质③。芒福德这样规定工具／机器的定义实际上主要是基于他要找到一种扭转现代西方社会机器统治一切的思想根源。只有改变这种思想人才可以有控制机器／工具的可能，否则，机器将反过来控制人的行为和生活方式，人将沦为机器的奴隶。这也是芒福德一直在他的关于机器文明的系列著作中反复强调的，也是他写这些著作的出发点。

芒福德认为机器／工具必须在人的控制之下，机器无论如何不应凌驾于人之上。现代的西方世界，尤其是 19 世纪以来，由于数学和物理学的长足发展带来技术的不断进步。在芒福德看来，机器越来越占据了重要的地位，人们的生产方式和生活方式越来越受到机器的左右和控制。如果不对机器体系进行有效的控制，人将逐渐变成机器的附庸，距离"有机的"生存环境越来越远。芒福德说："伴随着这种新的'巨技术'，占据主导地位的少数人将为自动化操作创造一种规格一致的、无所不包的、超越一切的结构体系。人将不再是一种独立自主的、积极的行动者，而会变成一种'被动的'、'无目的性的'、'被机器控制的'动物。他的真正的功能，正像技术设计者解释的那样，将被输入机器，或被去人性化的、集体性的

---

① Lewis Mumford, *Technics and Civilization*, Harcourt, Brace and Company, New York：1934, p.10.

② Lewis Mumford, *Technics and Civilization*, Harcourt, Brace and Company, New York：1934, pp.10-12.

③ Lewis Mumford, *Technics and Civilization*, Harcourt, Brace and Company, New York：1934, p.6.

机构受到严格的限制和控制。"① 实际上，芒福德在这段话中，把人分为两类：一类是占主导地位的少数人，应该包括机器的设计者和机器设计者的雇主，另一部分人应为受大机器役使的人。

芒福德研究技术的目的，就是要矫正西方现代社会机器垄断一切、压倒一切的社会现实，找到一种撬动这种观念的支点。现代社会的许多人生活在被技术和机器框住的压抑状态而浑然不知。因此，芒福德认为我们必须认清技术的本质，还原技术在人类的生活中的本来位置，也就是技术本来在丰富多彩的人类生活中只是"一小部分"。除了使用和制造工具以获取必要的物质生活以外，人更重要的生活内容是各种各样的艺术文化创造、各种精神情感需求、对意义的追求。因此芒福德认为，理解技术不仅仅是调整现代文明的第一步；它也是理解社会和我们自身的方法。

另一方面，如果仅仅以现代机械和自动化机器作为标准来衡量技术成就，必然会将许多技术发明排斥在技术的范围之外，从而误导人们对技术的认识，夸大现代技术在人类发展史上的地位。在芒福德看来，现在好多哲学家和技术史学者，包括马克思和卡莱尔在内，对技术的定义过分狭隘。他们只是把能够征服自然、提高劳动效率的技术称之为技术，而把古代很多的和人类生活密切相关的技术排斥在技术之外。为了纠正这种错误的认识，芒福德把修堤造坝、建造房屋、编筐、腌制等也都纳入了技术的范畴。

芒福德说，"即使在描述技术的物质组成部分时，这种观点同样忽视了容器的重要作用：第一个壁炉、煤井、陷阱、绳索；后来的篮子、箱子、牛棚、房屋，更不用说更后来的像水库、运河及城市这样的集体容器。这些静态的组成部分，即使在我们这个年代在每一项技术中都扮演着重要的

---

① Lewis Mumford, *The Myth of the Machine* (*I*): *Technics and Human Development*, New York: Harcourt, Brace & World, INC., 1966, p.3.

角色：比如高压变压器、巨大的化学反应器、原子反应炉等。"①

韩连庆研究发现芒福德对技术的定义似乎和罗布代尔对技术的理解相似。罗布代尔也非常重视技术在人类发展史上的重要作用，他认为，"几千年来，农业始终是人类的主要产业，但人们却往往把技术史当作工业革命的史前史来研究，机械、冶金和能源总是排在前列，从不看到农业技术的因循守旧和变化不快（变化缓慢毕竟也是变化）带来的重要后果。"罗布代尔认为，对技术的认识不应局限在对工业革命的认识上，技术的范围应该非常广阔。"清理林地是一门技术，开垦长期荒芜的土地又是另一门技术……扩大耕地面积，也就是说，砍树（不论是否刨掉树根）、烧荒、围林，或者排水、筑堤、灌溉，都需要技术。"②

在这一点上，芒福德的观点的确和罗布代尔非常接近。芒福德认为，由于现代许多学者对于机器过分地强调，也就不能将蔬菜和水果的培育方法、酿酒技术和通过用盐腌、熏烤等保存食物的方法与机械的发明算在技术里面。这些技术都是古代世界人们的发明，而且有些方法我们至今还保留着，与我们的日常生活息息相关。与此相应，由于我们只关注技术的工业应用，也就忘记了古代人在其他领域中的技术发明。

在芒福德看来，"也许在认识重要的技术成就中最大的失败在于家居艺术的领域中"，虽然这些技术发展缓慢但在改善生活质量，增加居住条件的舒适度方面是功不可没的。芒福德说，在崇尚机械和自动化的时代，"我们忽视了这样一个事实：没有稳定的容器，生活将四分五裂。"另外，城市的建造以及城市中的公共浴室、健身房、剧院、公园等设施，在芒福德看来都是真正的发明，只是因为它们都在机械范围以外，所以往往被技

---

① Lewis Mumford, *The Myth of the Machine* (*I*)：*Technics and Human Development*, New York：Harcourt, Brace & World, INC., 1966, pp.4-5.

② 韩连庆：《走进技术的深处——论芒福德的技术观》(1)，http：//www.mianfeilunwen.com/Zhexue/Qita/34484.html，2013-04-17。

术学家们忽视了。这种对"容器"技术的忽视，正是造成机械化长足发展的根本原因。①

芒福德和罗布代尔对古代技术的看法基本上和海德格尔对古代技术的认识相似。海德格尔认为："技术不仅从名字上说可回溯到希腊人说的 Techne，而且从本质的历史的意义来说也源出于 Techne。"② 海德格尔认为 Techne 有两种含义，第一种既是对存在的领悟，同时又是一种使存在者和存在敞开起来的开动作用。在 Techne 的作用下，器具和艺术的铸造都是自然地卓然绽放，是天、地、人、神相互映射的聚集场所。例如黑森林中的农家小院的建造就是这种情况。"筑造了这个农家院落的是一种手工艺"，即在 Techne 的筑造中"使天、地、神、人纯一地进入物中的迫切能力把房屋安置起来了。"③

芒福德对机器的定义不仅仅局限于生产工具，他把世界历史上各种各样的专制政体也称之为"巨机器"。芒福德实际上对传统意义上的机器进行了引申。芒福德所谓的"巨机器"是指由人组成的具有机器性质的、大规模的、有组织的、为了完成某种生产或军事目的的"人肉机器"。这种"巨机器"在历史上起到过积极的作用，比如人类在对付各种各样的自然灾害，如洪水和地震、建立像埃及的金字塔、中国的长城等伟大工程。这些工程的建造确实需要组织和协调巨大的人力和物力。这样的"巨机器"在创造世界的伟大奇迹方面，作出了无可磨灭的贡献。但是，芒福德也举了很多"巨机器"的负面影响，即在建造这些伟大工程的时候，人被当作机器的一个部件，当作奴隶一样的驱使着，没有个人的意志、情感和自由。从古代历史上的"巨机器"芒福德又联想到现代资本主义的美国。

---

① 韩连庆：《走进技术的深处——论芒福德的技术观》(1)，http：//www.mianfeilunwen.com/Zhexue/Qita/34484.html，2013-04-17。

② 海德格尔：《海德格尔选集》，上海三联书店出版社 1996 年版，第 384 页。

③ 海德格尔：《海德格尔选集》，上海三联书店出版社 1996 年版，第 1203 页。

人们真的在巨大的机器文明和资本主义的官僚体制面前，变得无能为力，失去了自由意志，变成了现代资本主义机器体制的奴隶和牺牲品。

二、技术在什么意义上参与了我们的世界构造？

海德格尔认为，技术作为展示着和揭示着的东西属于"在世界之中存在"，技术成为此在的存在与世内存在者之间的"关联"环节。技术就是此在的生存在世。"此在在世界之中存在"也就是"此在在存在中存在"，世界标示着存在的敞开和展开。世界是此在生存着展开其存在的"地方"。这实际上说是此在（人）通过世内存在者（器具）或者说技术对世界产生影响，也就是技术对世界的构造。但技术对人的构造也起着至关重要的作用。技术是让存在者来上手的"存在者"。作为揭示的技术"物化"为现成的器具。从沉沦的在世来看，技术也是一种特殊的现成的"上手的东西"。沉沦中的常人逃入存在者中，也就是逃入作为特殊"器具"的技术中。技术被沉沦中的常人此在领会为特殊的上手的"器具"，作为现成的"物化"的技术就起到了支持此在沉沦的作用。常人此在在物化的技术中控制世内存在者，更加感到安定，技术对此在更加具有引诱作用，此在自拘于使用物化技术的安定满足之中，此在就愈加远离了本己的能自身存在，陷入非本真的存在之中而异化着。这也就是技术对人的异化作用。①

海德格尔认为技术具有支持、稳定、强化此在的沉沦在世的倾向，而沉沦属于非本真的存在状态，封闭和遗忘了此在本真存在的可能性。因此海德格尔对现代技术持一种批判的态度，要把沉沦中的技术所固定和强

---

① 包国光：《海德格尔生存论视域下的技术》，中国社会科学出版社 2011 年版，第 39—76 页。

化的东西解构，把"存在"从"技术化"中拯救出来。①

用吴国盛的话来解释：技术确实改变了我们的世界构造。技术的时代，通过技术的展现方式，我们获得了一个技术的世界。但是不同的感知方式，不同的文化背景，不同的心理取向和心理预期，不同的操作意向，都会带来不同的世界图景和构造。这就是说在技术构造世界的过程中，不同的文化和精神世界也参与了对技术的构造。因此，在技术时代，事物被做了重新的整理。技术的本质不在于我们使用工具这件事，而在于在使用工具之前，我们就已经事先对这个对象所做的一种技术构造。正是这种事先的构造使得工具的使用是有效的，这种使用是有意义的。不幸的是，现代的技术时代以一种单一化的方式来构造世界万物。现代技术容易把我们引入一个单样的、单一的意义世界。而这个单一的世界是一个很大的问题。②

芒福德和海德格尔一样也看到了技术／机器对世界的构造，芒福德对人类技术发展阶段的划分（始技术时代、旧技术时代、新技术时代）以及不同的技术发展阶段人们生活方式的差异展示了机器对世界的构造。在展示技术／机器对人的再构造时，芒福德举了个例子，比如，在谈到钟表的时候，芒福德承认人创造了钟表，但反过来，人们按照钟表进行工作和生活。人们的生活方式进行了前所未有的改变，人被自己发明的机器进行了重新再构造。人被钟表变成了机械化的动物。钟表普遍使用之后，人们按钟表生活和工作而不是按照人们身体内的生物钟，机械化的生活方式成了人的第二属性。③

---

① 包国光：《海德格尔生存论视域下的技术》，中国社会科学出版社 2011 年版，第 39—76 页。

② 吴国盛：《技术哲学的基本问题》，http://www.aisixiang.com/data/16791.html，2013/4/17。

③ Lewis Mumford, *Technics and Civilization*, Harcourt, Brace and Company, New York：1934, p.16.

　　人类发明了各种各样的机器，人在生产过程中又受到了机器的控制，比如现代化的生产线。工人必须按照生产线的运行的速度来完成自己的工作，即使累了，也不能停下来休息一下。这和中世纪的手工作坊完全不同。因此，现代人的生活方式与古代中世纪机器文明以前相比发生了翻天覆地的变化。人的世界被技术／机器重新构造出来。

　　芒福德说："我们都意识到上一个世纪（19 世纪）见证了整个人类环境的急剧变化，主要是数学和物理科学对技术的影响带来的结果。这种变化从一种经验主义的、受传统束缚的技术向一种实验性的技术转变。这种转变打开了诸如核能、超音速运输、控制智能和即时远程通讯等高科技的新王国。自金字塔时代以来，没有任何一种巨大的物质变化在如此短的时间内完成。所有这些变化反过来带来了人性的变化。如果这一过程得不到减速和纠正，更加剧烈的变化在前面等待着我们。"① 所以，芒福德完全承认这种变化对人性的影响，但他没有仅仅停留在对这种现象的感知和揭示上，而是试图找到一种在技术发展的同时，能够保留人性中最基本的天然成分，不至于使人随着机器文明的发展完全蜕变成另外一种"非人性的"、"不自由的"、"机械的"、"无情感的"、机器的"条件反射物"的途径和方法。因此，芒福德反对的不是技术／机器，他反对的是由于技术的不完善和资本主义政治结构的不合理所导致的人性的扭曲和异化。

三、在技术对世界的构造过程中人起了什么样的作用？

　　过去我们认为人是一切因素中最重要的，最根本的。但人是不是可

---

① 　Lewis Mumford, *The Myth of the Machine* (*I*)：*Technics and Human Development*, Harcourt, Brace & World, INC., New York, 1966, p.3.

以独立于世界的构造之外呢？是不是一个主动的，想干什么就干什么的主体呢？现象学技术哲学认为，事情并非如此。实际上，在世界的构造过程中，人同时也被构造出来，人不是在世界的外面，而是在世界的里面。在技术构造世界的整个过程中，人也被重新构造出来，构造是双向的，不是单向的。① 关于这一点，芒福德和现象学技术哲学的看法是基本相似的。芒福德从中世纪，到文艺复兴，一直到现代的资本主义机器文明，追溯了机器文明发展的历史过程。追溯了机器文明对人们生活方式的再构造的历史过程，但芒福德不认为机器对人的构造是单向的，正好相反，芒福德认为构造却是双向的。和现象学技术哲学不同的是芒福德虽然承认机器对人类生活的影响，但是似乎更强调人对机器构造的主导作用。芒福德把机器定义为"人类各种器官的延伸"，就是要强调机器是由人创造出来的，应该在人的控制之下。

现象学技术学家似乎更强调现代技术对人类世界的构造。现象学技术哲学的弊端在于：这样就使现代人类处于一种被动的、被机器控制的、无能为力的一种状态。人在压倒一切的技术面前，感到束手无策，只能按照机器发出的指令来行事。而芒福德所强调的确是人对机器的控制和掌握。芒福德认为，如果现代人类越来越受到机器／工具的制约，看不到摆脱这种控制的希望，主要是人们没有从历史的角度去研究机器的发展历史，没有认清技术的本质。人们在一个被机器垄断和统治的当下的资本主义时代是看不到问题的症结，找不到解决问题的答案的。因此，芒福德用一种宽视角、长焦距的社会学的研究方法，研究了技术的起源，从中世纪、文艺复兴、工业革命、一直到现代资本主义的西方世界，甚至一直追溯到人类的史前史时代。

---

① 吴国盛：《技术哲学的基本问题》，http：//www.aisixiang.com/data/16791.html，2013/4/17。

现象学技术哲学认为，无论是古代技术，还是现代技术都是世界的构造方式，都是人性的构造方式，正是从这个意义上说技术不是中性的。古代技术构造的世界和构造的人是生活化的、局部的、有限的和当下的。古代技术使天、地、神、人和谐而居，是一种诗意的存在。Techne 使人和自然在本性中显现自我。而现代技术在根本上是存在的一种解蔽方式。海德格尔用座驾（Gestell）一词来形容。通常，座驾的含义是指"书架"等用具，这个词还有"骨架"的含义，在这里座驾却有着非同寻常的意义。"座驾乃是一种命运性的解蔽方式，也即是一种促逼着的解蔽。"① "此种促逼向自然提出蛮横要求，要求自然提供本身能够被开采和贮藏的能量。"② 在催逼自然地同时，现代技术也催逼着人。"人也在同一尺度被催逼，也即被摆置，去保证与他相关涉的存在者作为他的计划和计算的持存物。"③ 这就是说存在者乃至存在都在座驾的控制之中，存在的真义陷入无人知晓的遗忘境地。座驾使现代人成为无家可归者。人在古代技术那里是诗意的存在，而在座驾之中却不同。"真正的威胁已经在人类的本质处触动了人类，座驾之统治地位咄咄逼人，带着一种可能性，即：人类也许已经不得进入一种更为原始的解蔽而逗留，并从而去经验一种更为原初的真理的呼声了。"这就使人远离了自身，也远离了存在的家园。海德格尔在这里看到的技术对人类本性的异化作用和芒福德担心的现代机器文明对人类生活的负面影响是一致的。

根据吴国盛的理解，现代技术所构造的世界是一个全球网络世界，物质流、信息流、能量流。全球已经形成了一个网络系统，这个系统要摧毁一切高高低低的东西，都要把你抹平。现代技术通过一种单一的模式把整个世界全部网罗其中，使之成为一个庞大的数据库、资源库、能源

---

① 海德格尔著：《海德格尔选集》，上海三联书店出版社 1996 年版，第 947—948 页。
② 海德格尔著：《海德格尔选集》，上海三联书店出版社 1996 年版，第 932—933 页。
③ 海德格尔著：《海德格尔选集》，上海三联书店出版社 1996 年版，第 655 页。

库。现代技术就是一张无所不在的大网。它具有无所不包、压倒一切的特征。……生物、土地、大气、社会、民族、文化、艺术、宗教都在按照技术的逻辑运演。技术指标支配着我们的社会运作，而且无一例外。总之，现象学技术哲学认为，工具不只是达成目的的手段，而是世界构造的一个方式，是物凸显自己的方式。什么物能够出场，什么物不能出场，以什么样的方式出场取决于我们的技术。另一方面，它还改变着我们的人性结构。工具和技术将会决定人性的空间和人性的结构。更可怕的是，我们对这种框架无知无识，我们甚至不知道自己是在技术的控制之下。传统技术的浅层的遮蔽性，到了现代技术是一个深层的遮蔽，也就是没人能够搞清楚"座驾"究竟意味着什么。①

现象学技术哲学实际上夸大了技术对现代生活的影响。毫无疑问，工具不只是达成目的的手段，而是世界构造的一个方式，是物凸显自己的方式。但是如果说什么物能够出场，什么物不能出场，以什么样的方式出场取决于我们的技术。工具和技术将会决定人性的空间和人性的结构。② 这种表述似乎有些夸大了技术的作用，降低了人在其中的决定性因素。要发展什么样的技术，不发展什么样的技术，其决定因素还应该在人。当然是处于主导地位，能够决定一个企业、一个国家，乃至人类前途命运的人，决定于从事发明创造的科技工作者和实验者，也决定于我们的社会传统习俗。当然使用技术的普通劳动阶层在新技术的出场方面是没有决定权的，是无能为力的。

芒福德在《技术与文明》一书中，从历史的角度阐明了资本主义技术的高速发展不仅和宗教有关，而且影响技术发展走向的还包括各种文化因素和占主导地位的哲学家、科学家和技术发明者。作为一个伟大的思想

---

① 吴国盛：《技术哲学的基本问题》，http：//www.aisixiang.com/data/16791.html，2013/4/17。

② 吴国盛：《技术哲学的基本问题》，http：//www.aisixiang.com/data/16791.html，2013/4/17。

家，芒福德在他的关于技术的著作中并没有停留在简单的对技术本身善恶的甄别上，而是从更加复杂的西方社会文明发展史的角度去考察了导致西方社会日益机械化的多元因素。

导致钟表发明的原因，首先起源于修道院的有规律的生活。"然而，就是在西方的修道院要求秩序和权力的欲望……在罗马帝国解体以后伴随着长期的不稳定和血腥的混乱状态，第一次表现了出来。……教堂一天要撞七次钟。正是一天中要按时标记这种祷告时间，找到一种计算时间并保证有规律的重复这种时间就变得必要了。"①

芒福德总结出导致西方机器的过度发明和使用的原因如下：(1) 基督教神学对早期科学的发展起到了促进作用，尤其是清教的禁欲主义一方面遏制了人们对艺术和人性的追求，另一方面，加速了人们生活的机械化。(2) 资本主义对利润的追求对机器的发明和使用也起到了很大的促进作用。资本家为了追求更大的利润，普遍采用了机器。机器生产比人工生产更加稳定可靠（机器不会要求因增加工资而罢工）。(3) 北欧的飞天神话和征服自然的幻想也对机械的发展起到了推动作用。(4) 17 世纪以后物理学的长足发展也对机器的发明和使用起到了前所未有的推动作用。从这些可以看出促使机器发明的因素是非常复杂的，有其宗教的、社会的、文化的、科学的等原因。

四、我们怎样才能挣脱这张无所不包的技术之网？

我们反叛这张现代技术之网的支点在哪里？海德格尔认为在艺术和

---

① Lewis Mumford, *Technics and Civilization*, Harcourt, Brace and Company, New York：1934, p.13.

诗歌中也许能找到一些解救之道。海德格尔临死前在一篇文章里相当悲观地说，只还有一个上帝能够拯救我们。芒福德并不像海德格尔一样悲观。芒福德对人类的未来充满了信心。芒福德之所以有这样的乐观主义精神，完全取决于他对人类技术历史知识的长期研究和把握。在《技术与文明》一书中，芒福德对技术从始技术时代（eotechnic age），经过旧技术时代（pleotechinic age），再到新技术时代（neotechnic age）不同的发展阶段进行了历史的追溯。比较了技术发展不同的历史阶段对人们生活的影响，得出了这样的结论：新技术时代阶段，人们将逐渐改进不完善的技术，改变社会的组织形式和产品的分配结构，使每个人能够得到由于技术的进步带来的利益，过上幸福的生活。

芒福德看到所谓技术对人的异化和控制，完全是由于技术的不成熟和社会制度的不完善造成的。如果，技术进一步的完善，实现劳动生产的全部自动化，人将不只是补充技术的不足和缺陷，人将成为机器的"看管者"，只是监督机器的运行。所有繁重的、无趣的工作将由机器来完成。所有的工人将变成"工程师"和"技术员"，他们的任务将变得异常的轻松，只是在机器出现故障时排除故障，由此，人将终究成为机器的主人。此外，通过改变社会的分配制度，使机器生产的劳动成果由全社会的成员进行合理的分配，按照"各尽所能，按需分配"的原则进行，实现芒福德所说的"基本共产主义"社会。① 芒福德在这里所说的"基本共产主义"实际上和马克思所说的共产主义社会一脉相承。

芒福德除了在《技术与文明》一书中对未来进行乌托邦式的展望和憧憬之外，在《机器的神话：技术与人类发展（I）》一书中，对人类的本性从历史的和考古学的角度进行了诠释。和别的历史学家不同，芒福

---

① 关于芒福德的这种对未来社会的乌托邦式的憧憬，我已在《路易斯·芒福德：文化与文明批评家》（*Lewis Mumford：Critic of Culture and Civilization*，Peter Lang，Oxford：2009）一书中有详细的论述，这里不再赘述。

德没有把自己的视野局限在技术占绝对统治地位的当下资本主义的历史发展阶段，而是把目光移到人类的远古时代，从考古学的研究成果中，寻找人性本来的面目。"在和我们有着相同的思维方式和行为方式的生灵面前，当我们发现，在他的骸骨旁边并没有找到工具之类的东西，却发现了第一颗由牙齿或贝壳做成的项链时，我们不知该作何感想。如果人们要发现第一件关于轮子的证据，人们第一次发现轮子的形状，不是取火的钻盘，也不是陶工的转盘，而是在欧利尼亚克期（法国旧石器时代前期）的考古发现中，由象牙雕刻的中空的象牙戒指。而更具意义的是现代技术最重要的组成要件——铜、铁和玻璃——首先不是它们的工业用途、而是用作可能具有某种魔力的装饰用的珠子。这种用途早于它们的工业用途几千年的时间。"① 由此我们可以看到，芒福德在这本关于《机器的神话：技术和人类发展（I）》中，还原了人区别于其他动物的本质不在于生产和使用工具，而是创造了各种各样的身体的装饰物。揭示了人的需求不简单是填饱肚子，满足对物质的追求，而更重要的是人的审美需求。

芒福德认为，人类的审美需求远远早于对工具的追求。芒福德举例说，水磨和蒸汽在用于矿井抽水之前，是用来带动管风琴。小提琴这一看似简单的乐器，包括了 70 多个部件，工艺复杂，结构精巧，它的发明和完善必然促进了多种技术和工艺的发展。所以，芒福德认为，"不仅有审美感的发明，而且为了获得或完善纯粹审美的或符号的结果的机械发明，占据了前自动化生产的大部分领域。"②

在对人的本性的追溯过程中，芒福德认为人首先创造了交流的语言。

---

① Lewis Mumford, *The Myth of the Machine* (*I*)：*Technics and Human Development*, New York：Harcourt, Brace & World, INC., 1966, p.111.

② 韩连庆：《走进技术的深处——论芒福德的技术观（1）》, http：//www.mianfeilunwen. com/Zhexue/Qita/34484.html, 2013-04-17.

人类语言的产生最早可能是为了完成狩猎，在对付大型动物的时候，人需要协调大量的人群共同完成这一任务。芒福德认为语言在人类的不断进化的过程中起到了比制造手斧更重要的作用。芒福德说："这种努力（创造语言）一定占据了早期人类的大部分时间、精力和大脑活动，因为最终的集体成果——口头语言——在人类文明的初期比起埃及和美索不达米亚的成套的工具无比的复杂和精妙。"①

芒福德认为在满足了基本的生存需要之外，人区别于其他动物的本质特征是无比活跃的大脑和高度敏感的神经系统，以及由此产生的对各种经验的综合能力。人区别于其他动物的另一个本质特征是人类所创造的文化。"通过人的高度发达和始终活跃的大脑，人有比他仅需满足纯动物生存需求更多的脑能量；据此，除了获取食物、性生育之外，他需要把这些能量更直接的导入适当的文化形式——即象征的形式。只有通过创造文化的释放口，他才能充分地开发和利用自身的自然天赋。"②

这些文化形式包括最早的宗教仪式、模仿、体育竞技、游戏、戏剧、音乐、舞蹈、诗歌等等形式。这些文化形式不是为了满足人的食物需求，也不是为了控制自然，而是利用人类本身的巨大的"有机资源，表达自身的潜能，以更好地满足他超有机的需求和愿望。"③芒福德认为人对于象征性的文化形式的需求比对征服自然的需求史迫切，并且更早，发展的也更快。"没有任何一种单一的特征，包括制造工具，能够足够地辨识人类。人类特殊的、与众不同的特征是人能够把各种不同的动物习性综合成一种

---

① Lewis Mumford, *The Myth of the Machine* (I): *Technics and Human Development*, New York: Harcourt, Brace & World, INC., 1966, p.9.

② Lewis Mumford, *The Myth of the Machine* (I): *Technics and Human Development*, New York: Harcourt, Brace & World, INC., 1966, p.7.

③ Lewis Mumford, *The Myth of the Machine* (I): *Technics and Human Development*, New York: Harcourt, Brace & World, INC., 1966, p.8.

新兴的文化存在即：人性。"① 所以，在芒福德看来人与动物最大的区别不是使用和制造工具，而是人的文化属性。

芒福德的这一观点与恩格斯在《劳动在从猿到人转变中的作用》一文中表达的观点不尽相同。恩格斯认为人与动物最大的区别在于使用和制造工具以改变物质世界，征服自然。人类的语言也是人区别于动物的另一本质特征。芒福德的思想多处与马克思和恩格斯的思想相重合，受到了马克思思想的巨大影响。但此处芒福德更加强调人的文化价值和对意义的追求。强调人与自然的和谐相处，而不是一味地改造自然，征服自然。在当下无论是芒福德所处的资本主义的美国还是我们所生活在其中的社会主义中国，人们为了追求物质利益的最大化，一味催逼自然，破坏自然，污染环境的情况下，芒福德提出的人的文化和精神的追求才是人类最本质的东西这一观点，对于我们抑制单纯的 JDP 的增长，全面提高人民的物质财富和精神文化生活可能更具有重大的理论认识意义和现实意义。

此外，芒福德认为对意义的追求是人区别于其他动物的另一关键特征。从早期的巫术、图腾崇拜、宗教仪式等原始文化，到金字塔、神庙、教堂等大型建筑，都体现了人类对意义的追求。在《技术与文明》、《机器的神话》等著作中，芒福德一直在反复论证这一点。他认为，"这些著作最独创的贡献就是将技术作为人类最高文化整体的组成部分，同时勇敢地否认人类脱离动物状态和持续的发展仅依赖工具使用和工具制造的倾向上。更进一步，在否定当代的教条中，不认为科学的发现和技术的发明是人类存在的单一目标；因为我将生活本身作为主要的现象，将创造性而不是'对自然的征服'作为人的生物进化和文明成就的最终标准。"②

---

① Lewis Mumford, *The Myth of the Machine* (I)：*Technics and Human Development*, New York：Harcourt, Brace & World, INC., 1966, p.6.

② Lewis Mumford, *The Myth of the Machine* (II)：*Pentagon of Power*, New York：Harcourt Brace Jovanovich., 1964, preface.

按照芒福德的解释，如果人本身就是一个由大脑支配的动物，人的手可以制造和使用工具，但人还有其他方面的诸如音乐、舞蹈、戏剧、绘画、玩耍等文化方面的需求。这样制造和使用工具，征服自然就只是人的单方面的一种需求和本能。这样，芒福德就还原了人自远古以来的本质特性，颠覆了西方技术文明占绝对统治地位的文化基础，从而为撬动技术决定论，技术统治一切，左右一切的局势，找到了一个坚实的支点。

五、现代科学与现代技术的关系

现代技术的发展得到了科学的帮助，被科学化了，而古代技术都是一些经验的东西。蒸汽机的发明就没有用到什么新兴的科学，科学转化为技术是 19 世纪以后的事情。技术的东西只有在技术的本质先行注入，技术的东西才称得上是技术的东西。从这个意义上讲，科学必定是比现代那些技术的东西更早受着技术本质的支配。现代科学一开始就已经把现代技术的逻辑深深地贯彻进来了。第一，现代科学史以它的实验取胜的，它是实验科学。现代的实验是可控实验，是以实现某种可控制的目标为基础的。实验服从于控制的目标。古代科学和近代科学一样是人与自然之间的对话，但近代的对话是一种逼问、甚至是拷问，目标是控制自然、奴役自然。近代科学通过实验发现规律，通过掌握这些可控制的规律，我们可以更好地把握世界的运行方式，更好地支配自然，支配世界，改造世界。现代科学在实验科学这个意义上，首先忠实地实现了现代技术的一个基本精神，就是控制精神。①

---

① 吴国盛：《技术哲学的基本问题》，http://www.aisixiang.com/data/16791.html，2013/4/17。

芒福德承认现代科学是一种实验科学，与古代的经验有着很大的差异。芒福德也承认现代科学对现代技术的直接关系。但芒福德同时也指出了导致这种实用主义科学占主导地位的原因还是由于近代资本主义的发展，人们片面追求物质利益和物质享受的结果。但科学的本来定义是一种学问，一种知识。科学本来是一种深奥的知识，"方法上是社会化的，范围上是国际化的，态度上是非人性的，通过与任何眼前的责任相分离完成了一些最危险的和最富成果的思想的奇迹。"①"第一流的科学家如法拉第、克拉克·麦克斯韦、吉布斯等不受实用主义神圣教条的影响，对他们来讲科学的存在像艺术的存在一样，不仅仅是一种利用自然的方法，也是一种生活方式，他们可以用科学创造一种心境，也可以用来改变外部世界。"②

芒福德承认科学的使用价值，但是更倾向于把科学作为一门了解自然规律的知识。芒福德认为在开普勒、哥白尼时代，科学的技术实用价值还处在非常次要的位置。资本主义之后"机械学为成功的研究和精明的应用树立了样板"。芒福德尤其反对纯粹实用主义的物理科学（physical sciences）。"物理科学的方法主要依靠一些简单的定理。第一，去除质量，通过只关注那些可以称重的、丈量的或计算的因素把复杂的事物简单化；第二，只关注可以控制和重复的时间——空间顺序，或者比如在天文学领域，只关注可以被预测的因素。"③因此，在芒福德看来是资本主义、实用主义、征服自然的观点导致了科学向实用技术的高速发展。科学由原来了

---

① Lewis Mumford, *Technics and Civilization*, New York: Harcourt, Brace and Company, 1934, p.408.
② Lewis Mumford, *Technics and Civilization*, New York: Harcourt, Brace and Company, 1934, p.219.
③ Lewis Mumford, *Technics and Civilization*, New York: Harcourt, Brace and Company, 1934, p.46.

解自然，了解宇宙奥秘的知识逐渐蜕变为一种追求利润，征服自然的工具。在这一点上，芒福德和现象学技术哲学的观点基本相似。

六、芒福德与海德格尔之差异

芒福德在《技术与文明》一书中认为，机器是人的各种器官的延伸，发明机器的目的是为了保护和支撑人类有机体的生存，机器是为人服务的。机器和工具在性质上是一样的，它们的区别只是量上的区别。机器和工具的区别只是在于自动化的程度，在工具的使用中，人的参与程度更多一些，而在机器的使用中，自动化的程度更高一些，但还是离不开人的控制。机器必须在人的控制之下，人的精神决定了机器的善恶性质。[1] 从这一点上来看，芒福德似乎是一个技术中性论者。

但在追溯历史的过程中，芒福德不同于一般的技术史学家。芒福德不认为西方的机器文明是一个由低级到高级不断进步的历史发展过程。相反，芒福德认为技术发展史是一个 U 型的发展过程。欧洲的中世纪在芒福德看来，不是一个技术落后的，文明程度很低的历史时期。相反，在芒福德的机器文明史中，中世纪是一个文明程度很高的历史时期。芒福德这样的历史观取决于他对机器和文明的理解。芒福德衡量一个社会文明程度的高低，看的不单单是机器文明的发展程度，而是整个社会的协调发展，社会文明的总和：既包括有机器创造出来的物质文明，也包括非物质的艺术和文化的创造。芒福德认为，西方的现代文明从机器／技术文明的发展程度来讲，确实要比欧洲的中世纪高得多，但就人们的整体幸福程度而

---

① Lewis Mumford, *Technics and Civilization*, New York：Harcourt, Brace and Company, 1934, pp.6-10.

言，就人们创造的文化总量而言，远不及中世纪。也比不上机器文明相对落后的东方文明，比如中国、印度和阿拉伯文明。

芒福德为什么会有这样的看法呢？因为在芒福德看来，欧洲的中世纪虽然在技术方面比现代落后，但是，工具主要掌握在手工劳动者的手中，劳动者可以根据自己的意愿安排工作的节奏，可以一边工作一边聊天。累了可以放下手中的工具喝点茶，休息一会儿。不仅如此，中世纪工业的发展水平不高，人类对自然资源的利用较少，因此，对自然环境的破坏就相对较少。因此，人类的生存环境比现代社会要好得多。中世纪的人们有很多闲暇，人们可以利用这些闲暇进行宗教活动和艺术的创造。因此，中世纪的人们创造了许多具有审美意义的手工艺品、建筑等。

但是，从公元10世纪开始，经过13世纪的文艺复兴，到17世纪以后的工业文明，资本主义长足发展，资本家和工厂主对利润的最大追求，促使了技术的不断进步，工人越来越受到机器的和资本主义体制的双重控制，越来越成为不完善的机器的一部分。特别是到了19世纪人们的生活状况每况愈下。在欧洲无产阶级革命前夜，工人阶级的生活状况，正像恩格斯在《英国工人阶级状况》一书中和狄更斯在其《艰难时世》等一系列现实主义的小说里描述的那样，异常的悲惨。工人阶级的生活状况没有随着技术的不断进步得到进一步的改善，反而逐渐沦落到一种难以忍受的地步。现代资本主义的采矿业、煤矿、冶炼、化工业对人类生存环境的破坏也发展到无以复加的地步。很明显，芒福德在这些著作中想要表达的观点是西方资本主义时期正是机器文明大发展、人民生活大悲惨、环境破坏最严重的一个历史时期。

虽然芒福德对机器文明所产生的弊端聚焦于当下的资本主义社会，但是芒福德却把产生这些现象的历史渊源往前追溯到公元前的第四个千禧年。芒福德认为造就公元前第四千禧年"文明兴起"的原因，不是像轱辘车、犁、和陶工的转盘，也不是战车，而是各种各样诸如神话、魔术、宗教和当时刚刚兴起的天文科学等社会文化因素的"内爆"。"这种神圣的政治权力和技术设施的内爆不能够从当时的任何工具、简单的机器和技术过程来加以解释。即不是轱辘车、犁、陶工的转盘，也不是战车这些机器自身能够造就这样发生在埃及、美索不达米亚、印度，最后波及到全球的其他地方的巨大的转变。"①

造就公元前第四千禧年"文明兴起"的原因是一种"由人组成的一种机器"，也就是由统治阶级在君权神授的思想影响下建立起来的一种社会机制，是这种社会机制一方面创造了像洪水控制、谷物生产等伟大成就，也为人类文化在各个领域的发展奠定了基础。人类才有了像"纪念塔艺术"、"成文法"、"系统记录下的思想"、"各种集体智慧潜能的扩大"等。这种社会组织形式是由"神圣的命令和无情的军事压制"来维系的。"大部分的人口不得不忍受极度的贫困和强制的劳动，从事令人心智迟钝、重复性的工作，以保证神圣的或半神式的统治者以及他的随从们的'生命、健康和繁荣昌盛'。"这种专制政体的社会组织结构，不仅存在于古代的埃及、美索不达米亚、印度、中国、波斯文化、也存在于安第斯文化和玛雅文化，更存在于当下 20 世纪 60 年代的资本主义美国。

这种由人组成的"巨机器"式的社会结构，在印度造就了"庞大的古墓群"，在亚述和其他的帝国，造成了无数"村落和城市的废墟和遭到毒素污染的土地"。这些都是"类似当今'文明'暴行的原型"。根据芒福德的看法"这种文化的进步大部分被巨大的社会退步所抵消"。② 这种机械化的社会机构一方面增加了"秩序、权力、可预见性，更重要的是控

① Lewis Mumford, *The Myth of the Machine* (*I*): *Technics and Human Development*, New York: Harcourt, Brace & World, INC., 1966, p.11.

② Lewis Mumford, *The Myth of the Machine* (*I*): *Technics and Human Development*, New York: Harcourt, Brace & World, INC., 1966, p.12.

制"，但是"与其他的人类功能和目的"相分离。

芒福德在这里说明了两个意思，第一，这种"巨机器"式的社会组织结构，一方面创造了灿烂的文明，促进了科技的发展和文明的进步，另一方面牺牲了普通百姓的自由的、民主的生活。这种技术的进步是以牺牲广大百姓利益为代价的。第二，社会是分阶级的，一个是拥有这个"巨机器"的、发号施令的统治阶级，一个是作为这架机器的组成部件的普通民众。一个是机器的创造者、发号施令者，一个则是完全无自由意志、无感情的、机械的完成具体任务和指令的"人肉机器"。

在古代的"巨机器"文明和现代西方文明中，芒福德找到了他们之间的对应物。现代资本主义的机器文明同样存在着类似于"巨机器"性质的东西。现代资本主义社会虽然和欧洲的中世纪相比，在技术方面有了巨大的发展，但是并没有给普通的工人阶级带来生活上的很大的改进。从17世纪的工业革命到19世纪无产阶级革命的前夜，工人阶级的生活状况跌落到低谷。由于资本主义工厂主只注重利润，把工人当作生产要素来看待，根本不考虑工人的身体状况和生活的幸福。"对付人的方式和采矿业对付地貌的方式一样，劳动被当作一种可以被利用，可以被开采，可以被挖干，最后可以被遗弃的矿井。对工人生活和健康的责任以一天的劳动量支付现金的方式而结束。"[1]

工人们在资本主义的生产体制中被降低到机器齿轮的地步。"被减低到齿轮的功能，新兴的工人只能操作机器。工人们缺乏资本家们利润和社会责任的激发，把他们绑缚于机器的只是饥饿、无知、和恐惧。"到18世纪末，工人阶级的社会地位在英国达到最低点。工人阶层的平均寿命比中产阶级要低大约20岁左右。机器的发明本来是要减轻人们的劳动，提高

---

[1]　Lewis Mumford, *Technics and Civilization*, New York: Harcourt, Brace and Company, 1934, p.172.

人们的生活，可是在资本主义这样的社会结构下，工人阶级的生活状况却变得异常艰难和贫困。所以，芒福德看到技术本身并不是达到人类理想社会状态的唯一途径。要达到理想的人类生活，芒福德所设想的"基本共产主义"，就必须改变资本主义的社会结构。在这一点上芒福德的确受到了马克思思想的影响。①

实际上，芒福德在追溯现代人为什么一步一步地逐渐沦为机器的奴隶的过程中，没有像现象学技术哲学家那样把人看成是一个整体人类，而是把人分成了阶级的。在技术长足发展的过程中，占统治地位的国王、法老、贵族、资本家等等并没有沦为机器的奴隶（虽然在资本主义发展时期，资本家也受到了环境污染的影响），而是享受了由技术的不断进步带来的无限好处。所以，他们完全拥护技术的进步。受到各种各样的技术控制和制约的只是普通的工人阶层和中产阶级。中产阶级虽然在某种程度上也能享受到技术的不断进步带来的部分好处，但他们在某种程度上也受到了机器的制约，他们的生活方式也受到了技术的塑造。而只有占世界人口绝大多数的工人阶级日益受到了机器的控制。要改变工人阶级的这种生活状况，改变机器统治一切压倒一切的状况，不仅要不断完善技术，而且还要辅以改变资本主义的社会制度。对于技术的社会属性的强调是芒福德区别于现象学技术哲学家的地方。

综上所述，我们可以看出芒福德和现象学技术哲学在技术的定义，技术在什么意义上参与了我们的世界构造，在技术对世界的构造过程中人起了什么样的作用，我们怎样才能挣脱这张无所不包的技术之网等等问题上即有着一定的相似看法，又有一些本质的不同。最关键的差异在于芒福德从人类社会文化发展的历史追溯了技术的起源、发展和演变，

① 关于芒福德和马克思思想的比较我已在 *Lewis Mumford: Critic of Culture and Civilization* 一书中进行了比较详细的阐述。由于这一思想对于理解芒福德至关重要，因此在本书的第七章收录了这一内容，但较之原文做了部分修改。

定义了技术的本质，还原了技术在人类生活中的本来位置，揭示了技术对人的塑造过程中，不同的阶层在不同的时代所受到的影响，找到了一条冲破现代技术之网的方法。芒福德的技术哲学思想对于我们认识技术，使用和驾驭技术，使技术更好地为广大的人民大众服务提供了不可或缺的理论基础。

第六章

芒福德的技术文明观

芒福德打破传统学科界限，用文化与文明批评之方法，借鉴了马克思的阶级分析的观点和韦伯的宗教理论，通过撰写西方技术文明史，对现代资本主义社会工业文明所带来的各种利与弊及其产生的历史根源进行了全面的探讨，并逐渐形成了自己的合力理论，提出了自己的现代技术文明观。芒福德的技术文明观对我们建设现代化文明和谐社会具有重要的借鉴作用。

美国 19 世纪后半叶至 20 世纪初是从农业社会向工业社会和商品社会转化的一个特殊时期。芒福德对这一时期出现的社会弊端从技术发展的历史着手进行了深刻的思考并提出了解决问题的思路。因此，了解和探讨芒福德的技术文明观对于我们建设现代化的文明和谐社会具有很强的借鉴作用和深刻的现实意义。

罗莎琳德·威廉斯在她的文章《技术史学家路易斯·芒福德的技术和文明》一文中说，"芒福德评述的是机器时代，而不是机器历史"。① 威

---

① Rosalind Williams "Lewis Mumford as a Historian of Technology in *Technics and Civilization*" in *Lewis Mumford: Public Intellectual*, (eds.) Thomas P. Hughes and Agatha C. Hughes, Oxford University Press 1990, p.44.

廉斯只说对了一半。芒福德不仅是一位技术史学家，而且从道德的观点出发，去追踪机器对人类思想和行为的影响。在《技术与文明》一书中，芒福德认为机器时代是理性时代。他不仅谈到技术史，而且还对资本主义和现代性作了文化的批判。

在 20 世纪 30 年代的美国，芒福德和其他一些思想进步的知识分子一样，对资本主义制度不满。他在评论机器时代的大纲中说：理想的生活不仅仅是社会财富的平均分配，而且还有文化和精神生活的实现。在这里芒福德接近并发展了马克思的观点，而且他想以美学为主线构成一种新的理论，超越马克思。在芒福德的理论中，未来的社会被称为"基本共产主义"，其观点和马克思的共产主义有很多相似之处。这一点不可忽视。我这样说并不是企图说明芒福德追随某一个思想家超过了追随其他人，而是想说明芒福德和马克思在现代文明理论上有相合之处也有相悖之处，同时与盖迪斯和韦伯也有分合。

一、芒福德的合力理论

芒福德对其导师盖迪斯[①]的研究领域很感兴趣，但他的分析主要集中在其他一些方面，如威廉斯所说：芒福德对马克思主义的评论中，最感兴趣的是马克思对阶级价值的分析，这就超出了盖迪斯的范畴。[②]在芒福德看来，技术有巨大的力量，它可以使历史的演变简单化。在《技术与文明》一书中，芒福德从技术发明的外部因素去追溯历史的发展过程。他不仅承认技术对社会的推动作用，而且还追本探源，进一步审视推动技术发

---

① 帕特里克·盖迪斯是二十世纪初苏格兰著名城市设计师、技术决定论者。认为推动社会发展的主要因素是技术的发展。

② Geddes, Patrick, *Cities in Evolution*, London：Williams and Norgate, 1949.

明的外部原因。

芒福德认为：军事主义和战争是技术发明的原动力。"在当代技术发展的各个阶段，是战争，而不是工业和贸易，构成了机器的主要特征。"① 除了军事主义和战争，芒福德把机器的出现归咎于另外一些因素。他还认为机器的发明和创造除了科学家本身的创造和发明欲望之外，还与统治阶级的需要密不可分。他说很多当代的发明，如直升飞机和电影，电报和留声机，最初都是宫廷的玩具，是为了满足"宫廷和贵夫人"的过度的奢侈。

除了这些战争和政治的因素外，芒福德还把技术的发明归结为更加深刻的宗教原因。他认为，对西方机械化了的生活的普遍影响，来自于宗教和人们的习惯。僧侣们的日常有规律的生活加快了钟表的发明，新教推动了人们对信仰和物质的追求。这里我们注意到，芒福德受到了韦伯新教推动了资本主义的发展观点的影响，他把这一观点写进了自己关于技术发展的论述中。他说在诸因素中，宗教也是推动技术发展和变化的因素。

另外资本主义对机器的发明和使用起到了重要的刺激作用。他说，"对机械化的刺激是基于动力的提升和机器效能的提高以便获得更多的利润。"资本主义对金钱的追求是机器发明的一个重要因素。芒福德不仅把西方生活中机器的使用归结于这些显而易见的因素，而且还追溯到那些不太引人注意的因素，如人们的文化观念从神话变为了现实，从泛灵论变为基督精神。就是魔术对机器的发明也起到了一定作用，"正如儿童玩大人的游戏一样，魔术也融进了现代科学与技术。"芒福德把问题进一步复杂化了，机械的使用也使人类的生活习惯发生了变化，同时也促进了技术的发明。这虽然不是原因之一，"但是它为机器的生长创造了土壤。"② 总之，在芒福德看来，技术的发展不是某一单个因素的作用而是一种合力作用。

---

① Mumford, *Technics and Civilization*, London, Routledge, 1947, p.89.

② Mumford, *Technics and Civilization*, London, Routledge, 1947, pp.40-41.

　　芒福德借鉴了盖迪斯的历史技术范畴，还加进了自己的"始技术时代"。这一术语对芒福德很重要，他把这一术语用于他的《技术与文明》中。即便他同意盖迪斯的定义，这也并不能说明芒福德在理论上完全追随了盖迪斯。所以，当盖迪斯把旧科技时代的城市特点和新科技时代的生活联系在一起时，芒福德感到很满意。尽管如此，他还要想法把阶段的划分更细致一些。当盖迪斯在解释西方文明时，把不同阶级、不同种族、不同国家语言的特点看得不太重要，而芒福德却认为阶级在解释西方文明时起着重要作用。需要指出的是，芒福德在解释"旧技术时代"和"新技术时代"这两个阶段中的西方技术时，充分地保留了马克思的阶级观点，甚至保留了韦伯的神学观点。按照芒福德旧技术发展的理论，一方面技术为资本家获取利润提供了有力的工具，另一方面也使工人阶级的状况进一步恶化。机器的发明彻底改变了人们的生活和工作习惯，使工作变成一天二十四小时。

　　如马克思的《资本论》和恩格斯的《英国工人阶级状况》中所描述的一样，芒福德也生动地描写了工人阶级的悲惨境遇，"穷人像苍蝇一样繁殖着，很快就到了工厂所需要的成熟年龄——十岁或者十二岁，在纺纱厂和矿井里开始了他们的劳动，然后廉价地死去。"[1] 但是芒福德没有机械地盲从马克思和恩格斯。虽然芒福德把资本家描述为有"强烈的权力欲"和"对财富的渴望"，但是他没有接受马克思阶级斗争的理论，没有把资本家和工人看成敌对的社会力量。

　　芒福德在《技术与文明》中不仅把马克思和韦伯的理论综合在一起，而且超越二者，形成了自己对旧技术时代西方文明的批评。马克思和恩格斯从唯物主义的观点出发把注意力集中在工人的苦难和社会财富分配的不公上，而芒福德却把对旧技术时代的评价首先拓展到它对环境的破

---

[1]　Mumford, *Technics and Civilization*, London, Routledge, 1947, p.172.

坏。"这一时代，在整个西方社会有一种显著的错误——技术对环境造成了破坏：开矿的技术使矿渣遍地都是。"① 芒福德认为技术的不完善是造成对环境破坏的原因之一，但是最关键的因素还是人们的思想认识水平普遍低下，资本家的急功近利，以及对物质利益的单纯追求，缺乏对社会的责任意识。

与马克思从经济的角度对技术的评论和韦伯用宗教观点分析资本主义相比较，芒福德多重视角的分析方法使他有可能把注意点不仅从经济和宗教的领域，扩展到其他诸如资本主义社会环境问题的领域。虽然芒福德在分析旧技术时代所产生的影响时，保留了马克思的阶级理论，但是他没有把所有的注意力都集中在工人状况的恶化上，而是拓展到了中产阶级。把工人阶级和中产阶级看作是同处于机器文明时代的共同体，虽然他们之间存在着矛盾。芒福德的看法是，旧技术时代对环境的破坏影响到每一个人，不管他属于哪个阶级。在这里，芒福德向马克思提出了质疑。他说，只是政治和制度的改变，解决不了资本主义的所有问题。解决资本主义存在的问题，不仅依靠社会政治制度的改变，还要依靠技术从旧时代发展到新技术时代。除此之外，更重要的还要依靠人类文明观念的改变。

芒福德详细地列举了旧技术时代的问题。旧技术时代往往会使空气污染，煤炭工业和铁路创造了"大都市圈"（卫星城），污染往往集中在大工业城市；蒸汽机的发明和使用则创造出很多大工厂，从而使劳动者的工作成为机器的一个部分。芒福德进一步论述道，新技术时代电力的发明使工厂变得更小，使污染从"大都市圈"疏散到小城镇；自动化控制的发明减轻了工人的劳动强度，使他们变成了"机器运行的观察员和调解员——生产的管理人员，而不再是生产的活动力。"② 在书中"新技术时代"这一

---

① Mumford, *Technics and Civilization*, London, Routledge, 1947, p.169.

② Mumford, *Technics and Civilization*, London, Routledge, 1947, p.227.

部分的很多地方，芒福德都阐述了盖迪斯的技术决定论的观点，详细论述了技术的发展过程。为了说明这一点，我仅举一例：

对这些（旧技术时代的）垃圾，新技术时代，……会用丰富的化学和生物知识，用一种经济的，有助于保护环境的方法，替代以前的粗放的采矿法……电本身就可以帮助完成这种转化。旧技术工业造成的烟幕开始消散；有了电的帮助，新技术时代晴朗的天空，清洁的水就会重新出现。①

这一段话似乎给人们一种印象，芒福德有一种信念，由旧技术时代发展到新技术时代，旧技术时代所造成的不利影响，就会随着科学技术在各个领域的发展而消除。然而芒福德不是盖迪斯言听计从的学生。他认为技术的发明和科学的发现不一定就能带来一个理想的、人道的社会，"我们只是在资本主义和军事主义的帮助下，把其应用到新的工业流程：我们还没有用他们征服这些企业，没有使它们顺从地转向更重要的，更人道的生产目的。"② 从这一段话我们可以感觉到芒福德又从盖迪斯的理论转向了马克思主义的政治和社会问题。和马克思一样，芒福德诊断出了发明机器的公益性和社会性的特点与资本主义私有制之间的矛盾。

在资本主义私有体制之下，"公有企业的计划和协调权掌握在银行家的手里，而不是在公务人员的手里。所以这种权力只能成为这样一种手段，保护占有优势的财团的垄断和占有优势的国家的利益。……节省劳动力的机器，不是扩大闲暇的总量，而是把不断增长的人口的大部分保持在一种贫穷水平上。……没有相应的以高度社会化为目的的协调发展，新技术时代机器的精细改进，只能扩大堕落和野蛮的可能性。③

为了使新时代的技术更有效地为整个社会服务，和马克思一样，芒福德要求对私有制的资本主义进行政治和制度上的改变。"这种制度（限

① Mumford, *Technics and Civilization*, London, Routledge, 1947, p.255.

② Mumford, *Technics and Civilization*, London, Routledge, 1947, p.265.

③ Mumford, *Technics and Civilization*, London, Routledge, 1947, p.266.

制了所有权，使只有人口中极少的一部分人获取利益），实际上与计划生产和生活必需品的分配是极不协调的，因为金融财富和不动产不能均衡的使整个社会得到好处。最初由资本家创造的，为资本家创造的这种生产关系，只能主要使资本家获得利益。"① 从以上这段话，我们可以看出，芒福德不是单纯地融进了马克思和盖迪斯的理论，而是在寻找一种解决当今资本主义国家普遍存在的社会问题的途径。马克思把所有当今世界的罪恶都归咎于资本主义制度，盖迪斯把所有的当今社会的罪恶都归咎于旧时代的技术，而芒福德则把机器时代的罪恶归咎于多种因素：不完善的旧时代的技术，宗教，不合理的社会制度以及资本家对物质利益的单纯追求等。

二、历史阶段划分及对现代性和资本主义文明的批判

严格讲，芒福德撰写《技术与文明》的意图不仅仅是写西方的技术发展史，而更重要的是对现代性和资本主义进行批判。在下面的一段中笔者将主要探讨在对待现代性和资本主义的思想上，芒福德与马克思和韦伯有什么异同。

详细地论述马克思和芒福德对待现代性的思想，起码要从最初的起点说起。"现代性"一词是法国诗人波德莱尔在他的文章《现代生活中的画家》中第一次使用的。它的定义是"现代性就是难以捕捉的，在短暂时间内发生的偶然事情。"② 但是在此之后，现代性一词却在更广泛的意义上使用了。它可以指一个时代，区别现在相对于过去的不同时代。"偶然性、

---

① Mumford, *Technics and Civilization*, London, Routledge, 1947, p.267.

② Quoted in Derek Sayer, *Capitalism and Modernity*: *An Excursus on Marx and Weber*, London and New York: Routledge, 1991, p.9 (德里克·塞耶斯是西方当代著名马克思主义研究专家).

短暂性和易变性是当今世界相对于所有过去时代的普遍特征。"①

　　第一次在这种意义上使用现代性一词的，是马克思和恩格斯在《共产党宣言》中使用的。在《共产党宣言》中他们说，资本主义"无情地斩断了把人们束缚于天然尊长的形形色色的封建羁绊，它使人和人之间除了赤裸裸的利害关系，除了无情的'现金交易'，就再没有别的任何联系了。它把宗教虔诚、骑士热忱、小市民伤感这些情感的神圣发作，淹没在利己打算的冰水之中。"而且"将把人们捆绑于他们'天然上司'的五花八门的封建关系撕成了碎片。""资产阶级撕下了罩在家庭关系上的温情脉脉的感情的面纱，把这种关系变成了纯粹的金钱关系。""生产不断的变革，一切社会状况不停顿的动荡，永远的不安定和变动，这就是资产阶级时代不同于过去一切时代的地方。"②

　　按照马克思的观点，现代社会实际上就是资本主义时代。"一切固定的僵化的关系以及与之相适应的素被尊崇的观念见解都被消除了，一切新形成的关系等不到固定下来就陈旧了。一切登记的和固定的东西都烟消云散了，一切神圣的东西都被亵渎了，人们不得不用冷静的眼光来看他们的生活地位、他们的相互关系。""资产阶级使农村屈服于城市。它创造了巨大的城市，……使很大一部分居民脱离了农村生活的愚昧状态。"③

---

① Quoted in Derek Sayer, *Capitalism and Modernity*：*An Excursus on Marx and Weber*, London and New York：Routledge, 1991, p.9.

② 原文引自 Karl Marx and Friedrich Engels, *The Communist Manifesto*, (ed.) David McLellan, Oxford and New York：Oxford University Press, 1992, pp.5-8；译文根据马克思、恩格斯，《共产党宣言》人民出版社中文版，1997 年 8 月第 3 版，第32—33 页。

③ 原文引自 Karl Marx and Friedrich Engels, *The Communist Manifesto*, (ed.) David McLellan, Oxford and New York：Oxford University Press, 1992, pp.5-8；译文根据马克思、恩格斯，《共产党宣言》人民出版社中文版，1997 年 8 月第 3 版，第32—33 页。

从语言学的角度看，马克思认为资本主义时代远比以前的封建时代进步多了。资产阶级造就了"拥有统一的政府、统一的法律、统一的民族阶级利益和统一的关税的民族。"① 用德里克·塞耶斯的话说，这是一种"粗犷的绘画技巧"。马克思用这种技巧，绘出了一幅资本主义当代世界的素描。被资本主义所替代的过去的一个时代是一个静止的中古世纪的封建时代。资本主义是一个完全不同于过去所有时代的崭新世界。它是快速的，全球性的，压倒一切的。在马克思看来，资本主义就是现代社会，就是现代资本主义。

虽然芒福德的语言不同，对现代社会的看法不同，但是马克思和韦伯所探讨的现代社会的大主题，在他的《技术与文明》中也占据了重要地位。我们再回头看看芒福德从盖迪斯那里借鉴来的，并且经过删改的术语："始技术时代"，"旧技术时代"，"新技术时代"，正好符合马克思的社会历史的时代划分——前资本主义，资本主义和共产主义。芒福德的始技术时代是这样一种社会机制：技术工具仍然掌握在人的手中，人际关系的基础是家庭、社区和行业公会等。"旧技术时代"就是如马克思描述的资本主义时代。在芒福德看来，这一时代的特点是机械化、理性化、工业化、非人格化、个人与客观世界的分离状态，以及物质主义和个人主义。

但是，对此芒福德没有作详细的论述，他是通过对旧技术时代的发明及它对人类生活的影响体现了这一观点。比如，芒福德阐述了一些大城市是如何伴随着蒸汽机的发明而出现的；因为军事的需求，低成本生产钢铁的方法是如何发明的；因为资本家追求利润，工人的生活状况是如何恶化的；因为煤炭和自然资源毫无节制地使用，自然环境是如何被破坏的。……就这样，芒福德用具体的事例描述了现代化的进程。虽然早在旧

---

① 原文引自 Karl Marx and Friedrich Engels, *The Communist Manifesto*, (ed.) David McLellan, Oxford and New York: Oxford University Press, 1992, pp.5-8; 译文根据马克思、恩格斯,《共产党宣言》人民出版社中文版, 1997年8月第3版, 第32—33页。

技术时代，新技术时代的一些因素就已经存在，但是新技术时代的出现是必要的。这就是马克思所说的未来的共产主义社会。

　　像马克思的资本主义以前的社会和资本主义社会一样，芒福德划分的技术史上的始技术时代和旧技术时代正如 19 世纪末和 20 世纪初的社会理论家的历史阶段划分基本一致，如：涂尔干社会学学中的机械联合和有机的联合，托尼的礼俗社会和法理社会，缅因的身份论和契约论，斯宾塞的军事主义社会和工业社会，韦伯的传统主义和理性主义，希门尔德的无货币经济和货币经济。和这些社会学家不一样，马克思和芒福德都定义了一个社会的未来阶段——芒福德的"新技术"社会和马克思的"共产主义"社会。他们都预见了一个未来的社会形态。在这个意义上看，他们都有一种乌托邦的因素在内。

　　芒福德刻画了一个欧洲中古世纪的理想的社会阶段和人类文明，但是仍然认为历史是不可逆转的。和马克思相比，我们可以说芒福德的思想从盖迪斯那里借鉴了"旧技术时代"和"新技术时代"，并且在盖迪斯的"旧技术时代"之前造出了一个工业化以前的、神秘的、理想化了的社会阶段。在这个阶段，技术仍然掌握在人的手中，社会成员之间仍然存在着和谐的关系，人们相处在一个友好的环境之中，这表现出他的怀旧心理。对手工业生产和机器生产作一比较，芒福德承认和机器产品相比，手工产品是实用价值和审美价值的结合。

　　尽管如此，他仍然认为"手工业生产是和死板、固定、过时联系在一起的，它注定要消亡"，而机器生产"意味着新的关系，新的可能，它带来了革命的锐气。""为了坚持旧的生产方式，机器的敌人打了一场后卫撤退战，甚至当他们赞成有机体，而反对机器的时候，他们也都站在没有生命机器的一边。"[1] 虽然芒福德承认这种浪漫主义表现为"有生命的"，

①　Mumford, *Technics and Civilization*, p.285.

"有机体"的意图是对的，但是它"还是提供了补偿的必要渠道"，"它仍然是回顾既往的、封闭的和感情脆弱的：一句话就是有回归倾向的感情。它减轻了新秩序带来的震惊，但在很大程度上是退却的行动。"① 这就表明芒福德并不希望回到工业时代以前，而是一种向前看的历史进步观。

和马克思一样，芒福德认为历史是向前进的，虽然有时会发生曲折，比如旧技术时代，但它仍然是不可逆转的。我们还可以举出更多的例证。芒福德认为在 19 世纪，地方主义者在欧洲和北美洲试图复苏地方语言和文化，"使历史停留在过去的一瞬间"，"保留原来的地方习俗"，"保留原来的建筑形式"，"使其永远如此"，这实际上是一种"神经质的撤退"。芒福德详细的评述了这种地方主义是"反历史的、反社会的：因为它否认了这样两个事实——任何东西都要变化，任何有价值的事物都有可能走出它自己本身。"

对于那些要寻找机器的替代品，回归自然，"回归到最原始的生活状态"；对那些"想敲碎机器，回到在小岛上的衣不蔽体的生活水平"的人，芒福德认为，"他们的打算不是一种历险行动，而是一种灰头尘面的退却，不是一种解脱，而是一种彻底失败的自白。"

对那些有产阶级的人，想逃离机器的环境，建立自己的私人世界，把手工艺品堆满自己乡村别墅的人，用芒福德的话说"就是文物收藏间"。② 从芒福德对待形形色色抵制机器和机器文化的行为的态度来看，他的历史观不是由他详细的自我表达的，而是通过他对文化和文明的批评表达的。我们认识芒福德的历史观的唯一途径就是研究他对西方文化和文明的批判。

芒福德的乌托邦思想中，展望未来的倾向要比追溯既往强烈得多。

---

① Mumford, *Technics and Civilization*, pp.286-287.

② Mumford, *Technics and Civilization*, pp.292-313.

虽然芒福德超越了盖迪斯的旧技术和新技术的阶段划分方法，从而推出一个新的阶段，即已经过去的始技术时代，但他的这一理论并不完善。因为在水轮机和风力作为动力的始技术时代，这些动力虽然有利于环境，使用中却很不稳定。按照芒福德的说法，那时的玻璃工业、印刷业、采矿业和其他工业都在农村，不受城镇行业公会规定的约束。大部分制造业从一开始就带有资本主义或半资本主义的特点。就是在芒福德所说的始技术时代，资本主义垄断仍然加深了老板和工人之间的差距，机器"是一种更加赤裸裸的人剥削人的工具"。就是在这里，芒福德也没有完全拘泥于马克思的理论。芒福德的始技术时代并不完全等同于马克思的封建主义社会。它包括了马克思时代划分中的资本主义的初级阶段。而芒福德的旧技术时代大致等同于马克思的资本主义时代。和马克思一样，芒福德认为旧技术时代是人类历史上最糟糕的一个时代。既然旧技术时代是西方文明中最糟糕的时期，所以芒福德把未来的新技术时代看成理想的时代。他在想象的未来社会中，借鉴了马克思和恩格斯的乌托邦社会的模式：把共产主义改成"基本共产主义"。比较以上不同的时代划分，芒福德的划分法可以说更侧重于从技术发展的角度，对西方社会的发展历史进行了分析，而马克思更侧重于从社会关系方面进行分析。实际上，芒福德在对技术时代划分时参考并柔和了马克思对社会关系的分析和韦伯传统社会和理性社会的划分方法。

马克思和恩格斯在《共产党宣言》中设想了一个没有阶级的社会。在那个社会里，社会财富极大的丰富，人们各尽所能，各取所需；那个社会实行的是计划经济，按照所有社会成员的需要进行生产。这种生产不是为有产阶级的利润生产，而是为整个社会生产。工业的运行管理权"将从相互竞争的资本家个人手中夺回来，由整个社会的代理人管理。"它按照协商好的计划进行生产，相互协作将代替相互竞争。"私有制将被打碎，……所有生产工具共同使用，产品按照协议在所有社会成员中进行分配。"①

芒福德在描述了机器生产的合作性质和生产资料私有制及按照私人意愿生产之间的矛盾之后，按照马克思和恩格斯的观点说，能源、土地归公共所有，而不是在私有资本家手中。和恩格斯的观点一样，芒福德也认为，在新技术时代，整个生产过程和产品消费应该由整个社会控制。"合理化，标准化，首要的是按比例生产和消费。生产应保持在这样一种规模，以能满足整个社会所必需为标准——没有对整个生产过程的社会化控制，所有这些都是不可能的。"为了防止银行家，管理者通过投资和分红获取大部分的收入，芒福德建议"把银行的功能直接置于国家控制之下"。②

在马克思和恩格斯未来的共产主义社会中，工作已不再是谋生的必需，而是一种爱好和享受。随着生产资料资本主义私有制的剥夺和土地地主所有制的消灭，所有人剥削人的社会现象将被彻底铲除。芒福德借鉴了"业余爱好者"一词，想象在他的未来新技术社会中，工人不再仅仅是"机器还没有的手和眼睛的代用品"，而成为"总机械师和总监督"。在芒福德的未来社会中，工作并没有被机器全部代替，而是成为一种"永久的生活享受"。所被取消的仅是"奴性的工作或奴隶制度：那种工作毁坏了人们的身体，禁锢了人们的思想，扼杀了人们的精神。"

马克思的共产主义社会中，被使用自动化操作的机器解放出来的工人，将回归到"业余爱好者"的状态。③他想做什么就做什么，"今天做这件事，明天做那件事，上午打猎，下午钓鱼，晚上喂牛，晚饭后评论时政……而他却不是猎人、渔翁、牧人或评论家。"④在芒福德的乌托邦社会

---

① Mumford, *Technics and Civilization*, p.422.

② Mumford, *Technics and Civilization*, p.421.

③ Mumford, *Technics and Civilization*, pp.411-414.

④ Karl Marx, *The German Ideology*, Amherst, New York, Prometheus Books, 1998, p.53.

中，人们可以自由地做自己想做的工作。"在正常的生产完成之后，手工编织衣物，打制一件需要的家具，试验性制造一架飞机……"①

在他的"基本共产主义"中，芒福德的观点不仅和马克思、恩格斯是一致的，而且还受到了托马斯·摩尔、罗伯特·欧文和爱德华·贝拉米的影响。马克思共产主义社会的关键要素是实行机器和自动化生产。机器，作为资本主义社会的异化力量，在芒福德的基本共产主义社会中，已经成为获取社会财富的工具。所以，无论是在马克思的共产主义社会或者是芒福德的基本共产主义社会，机器是不能被排除在外的，相反它们应该得到加强，从而为整个社会物质需求的生产服务。因此，总体上讲芒福德和马克思都是前瞻的，而不是怀旧的。

马克斯·韦伯在他的《新教的道德观念和资本主义精神》一书中说禁欲主义"在一定的、有序的生活中"在形式上是合理的。韦伯认为在中古世纪的基督教世界，僧侣们是人类唯一能够合理有序的生活，用合理的方式实现自己的目标的人，这种目标就是未来的生活。因为有了僧侣，钟表开始摆动，因为有了僧侣，一天中的时间因祷告而做了分割。

芒福德把机械化的文明追溯到了钟表在修道院的产生。"现在人们严守时刻的有秩序的生活，第一次在修道院形成，它不是人类原来就有的。虽然现在西方人完全由钟表来控制自己的活动，这是人类的'第二习性'，它们被看作是对自然现象的观察。"② 在韦伯看来，是宗教改革使这种禁欲主义的观念变得更为世俗化了。这种禁欲主义的宗教使世俗的行为更加规范，信仰新教的人们把井然有序的修道院生活方式扩展到了世俗世界。新教"赋予了人世间日常生活宗教的意义。"③

---

① Mumford, *Technics and Civilization*, pp.414-422.

② Mumford, *Technics and Civilization*, p.16.

③ Max Weber, *The Protestant Ethic and the Spirit of Capitalism*, London & New York, Routledge, 1992, p.80.

在韦伯看来，现代理性资本主义的发展，需要在人们的生活态度和倾向方面有一个突破。韦伯说，这种勤奋工作、有条理的、自我约束的、内在的人格关系，为现代工业资本主义的发展提供了决定性的动力。他把这种世间禁欲主义的发展归咎于四种教义的改革。第一是路德的职业概念，教育人们勤奋从事人世间的一切世俗活动；第二是卡尔文主义"人是神的意志的工具"，通过人的理性的活动增加"上帝光辉"的教条；第三是卡尔文主义的"所有腐败的东西都和人的肉体有关"的教条，以及卡尔文主义对"所有的文化和宗教的各种感官的和情感的"厌恶，以及对理性的、非人性的、极端个人主义的和完全反对任何享乐主义的活动的肯定。第四是卡尔文教义的中心部分：即宿命论使人们在世俗的职业中勤奋的工作，以确保自己在上帝面前的地位。韦伯认为这种宿命论是现代资本主义发展的原动力。①

和韦伯的看法一样，芒福德认为新教的"禁欲主义在宗教的支持下使人们变成了一种专注于世俗的、物质追求的动物。"它使艺术衰退和枯竭。"新教徒把教堂墙上的壁画扣了下来，露出了光秃秃的石头：他不信任除了画像以外的所有的绘画，只有画像才能反射他公正的形象；他把剧院和舞蹈看作是邪恶的、淫荡的。本来是充满欢乐的，繁花似锦的生活，在新教的思想世界里也枯竭了……"②

但是他和韦伯的思想有相同，也有相异之处，韦伯的思想主要集中在宗教对资本主义发展的影响上，而马克思着重强调了资本主义和现代性在经济和政治社会方面的反映。芒福德不仅吸收了马克思在政治和经济方面对资本主义和现代性的分析，同时也吸收了韦伯的宗教观点，而且还把

---

① Max Weber, *The Protestant Ethic and the Spirit of Capitalism*, pp.113-244；Rogers Brubaker, *The Limits of Rationality：An Essay on the Social and Moral Thought of Max Weber*, London：George Allen & Unwin, 1984, pp.24-25.

② Mumford, *Technics and Civilization*, p.43.

他的观点扩展到包括社会习俗和文化，认为这些也是西方文明中机器占据统治地位的重要因素。"在人们还没能使机器完善到能够表达他们的爱好倾向和兴趣的时候，人变得呆板和机械了；秩序的意志在工厂实行之前早在修道院、军队和会计室出现了。"①

在马克思看来，现代社会就是资本主义，资本主义就是现代社会。在韦伯看来，现代社会就是理性——经济生活中的理性化，司法体系中的理性化，社会关系的理性化。它变成了一个"铁笼子"，用"不可抗拒的力量"把人们禁锢其中。芒福德采取了另一种分析现代社会的不同方法，也就是研究西方文明（技术发展史和城市发展史）的方法。在这种文化与文明批判的方法中，他的思想比马克思和韦伯都宽阔了，这种宽阔的思想方法使芒福德吸收了马克思和韦伯的主要思想，形成了自己独特的研究方法，看到了资本主义社会更多的问题，由此，芒福德认为现代社会就是资本主义，就是机械化，就是旧技术时代。旧技术时代不仅伴随着技术本身发展的不完善带来对人的异化和环境的污染；而且还由于资本主义的私有制度所带来的社会财富分配的不均；还由于人们更注重对物质财富和理性的追求，导致了"人生的饥饿"，艺术和情感的退化；所有这些因素导致了西方社会技术／机器文明的过度发展，人们社会生活的单一化和片面化。

在马克思看来，资本主义社会最主要的问题就是资产阶级对工人阶级的剥削和压迫。在《资本论》中，马克思揭示了那些可变的和不变的资本，使用价值和剩余价值以及资产阶级和工人阶级不可调和的矛盾。② 恩格斯调查了英格兰工人阶级的状况后，用实际案例分析揭示了资本家对工

---

① Mumford, *Technics and Civilization*, p.3.

② Karl Marx, *Capital*, (ed.) David McLellan, Oxford: Oxford University Press, 1999; Engels, Friedrich, *The Condition of the Working Class in England*, Oxford, Basil Blackwell, 1958.

人阶级的剥削；韦伯则用对新教的分析，揭示了现代社会中的理性主义；而芒福德则是通过对机器和城市发展历史的追述，对现代社会进行了分析批判。撰写技术史实际上可以使芒福德从另一个角度更清楚地看清现代资本主义社会的弊端。也就是说，芒福德不仅是在写西方技术发展史和城市发展史，而是在对现代资本主义社会进行批判，并试图找到解决资本主义社会问题的途径。

三、芒福德的技术文明观

我们已经谈了很多有关芒福德借鉴马克思、恩格斯思想，在作品中表现出的怀旧情结和乌托邦，以及在构想未来社会中，他的思想和马克思、恩格斯的联系。在这一段中，我想继续进行一下比较，谈一谈芒福德和马克思、恩格斯的思想有哪些不同点。在恩格斯的共产主义社会中，人们必须用大规模的机器生产，"每一个社会成员都有可能完全自由的发展自己的能力。"不仅仅是预见了未来的共产主义社会中个人的能力将得到发展，马克思还提倡作为单个人的理想将得到全面发展。"个人的自由发展是所有自由发展的条件。"① 但是马克思和恩格斯都没有涉及有关"自由发展"的具体内容。芒福德继承了马克思、恩格斯的社会理想，并且把它和本国共和制的质朴原则结合起来，强调了劳动技能以外的其他技能的发展。

芒福德坚持认为：人的欲望不仅仅是物质方面的，而更重要的是精神和文化的需求。高层次的需求——"情感的，知识的和富于想象力的"欲望单靠工业生产的不断发展是不能实现的。人类需要把这种基本的物

---

① Karl Marx，*The Communist Manifesto*，p.26.

质需求转化成高一级的追求。所以芒福德的观点是人的需求有两个层次，一个是物质的，一个是文化的；一个是基本的，一个是高级的；一个是手段，一个是结果。所以，基本需求，也就是物质需求应该是稳定的，生产活动的计划"应该是建立在一年改变一次的基础上，而不应该不断地扩大。"用芒福德的话说，稳定的需求就是"消费标准"中减少低层次的消费需求，以增加高层次的生活享受的需求。芒福德说，我们最终的目标不是物质的生产，而是"我们要学会非物质的享受，……如爱人，配偶，父母，……如我们所渴念的男人和女人……健美的身体，健全的头脑，平凡的生活，高尚的思想，敏捷的观念，敏锐的情感反应……"

　　在提倡人类高层次需求目标时，他的思想更接近于大卫·梭罗。他认为经济的成就应该转化为文化的成就。所以芒福德的文明观念中，经济的发展过程与能量和生命之间的关系应该是"转化、产品、消费、和创造"[1]。芒福德认为，"创造活动是人类唯一的最重要的事情，是人类在这个星球上居留的主要理由和最经久的成果。所有理性的经济活动最本质的任务就是创造一种状态，在这种状态中，所有的经验将变为普遍的创造活动。没有哪一个人群，会因为他们的辛勤劳作或教育的缺失而被剥夺他们的创造性。所有人可根据自己的能力最大限度地参与社区的文化生活。"[2]芒福德在这里提倡的，在某种意义上讲，不单是具体地勾画恩格斯的"所有的能力和完全的自由"以及马克思的"个人的自由发展是所有自由发展的条件"[3]，而是创造出了自己的文明观。在芒福德的理想社会中，不仅物质的产品在所有社会成员中分配，文化的创造也属于每一个人，而不是属于某一个享有特权的社会阶层。

　　在芒福德的文明观中，创造活动"是人类唯一的重要活动，是首要

---

① Mumford, *Technics and Civilization*, p.375.

② Mumford, *Technics and Civilization*, p.410.

③ Karl Marx, *The Communist Manifesto*, p.26.

的正当行为和人来到地球上得到的最永久的果实。"① 这种创造就是芒福德文明观的涅槃所在。这里我们可以看到，芒福德不仅保留了马克思的社会物质财富平均分配的观点，而且比马克思更强调非物质产品的分配，包括文化创造的权利和机会平等的思想。在这种意义上讲，可以说芒福德发展了、丰富了马克思关于平均分配的思想和人类文明的思想。

但是除了写技术史，芒福德还有别的意图。在写技术历史的同时，芒福德围绕着机器统治一切，左右一切和人类对机器的容纳这一现代社会的普遍问题。尽管如此，芒福德的焦点还是放在了西方文明的旧技术时代，当时机器的本性充分地展示出来，西方的生活被机器所统治，资本主义正处在其极野蛮的时刻。他对机器文明的批评实际上是对资本主义制度的批评。

马克思、韦伯和芒福德的不同之处在于，马克思是从经济的、政治的和社会的方面去看资本主义的，韦伯揭示了新教与资本主义之间的关系，而芒福德则企图从文化和文明的宽视角来研究资本主义的现代文明。芒福德的这种特殊的研究视角和方法打破了传统的学科限制使芒福德可以从各个方面来考察，论述资本主义现代社会。

芒福德最初是一个唯心主义者，但是他没有完全陷进唯心主义的泥潭。他不认为人类只用美学，只靠艺术和宗教就可以解决现代资本主义社会的所有的问题。他不仅用艺术和美学的观念，而且用社会的、经济的和宗教的观念来看待技术的发展。所以芒福德的文明观是，物质的丰富和技术的成就不是通向人类理想生活的唯一道路，人类最终的目标不单是经济财富的更公平的分配，而更重要的是文化创造机会的公平和精神生活的增进。芒福德认为文明的最高阶段是"足够的营养，完善的卫生保健，得体的住所，足够的教育、娱乐设施和机会。""健康、运动和感官的愉

---

① Mumford, *Technics and Civilization*, p.410.

悦。""对男人和女人感觉和渴念的满足。"这种理想的生活方式不是某个特权阶层的独占，而是社会各个阶层的利益共享。

芒福德通过他在《技术与文明》中，以及在其他地方，对技术的考察，寻找到人类文明的要义所在。他这种做法从某种意义上说超越了马克思和韦伯，盖迪斯和奥格伯恩，① 为整个人类绘制了一幅更加人道的蓝图。芒福德的技术文明观对于我们建设现代化文明、和谐、富裕、公平的社会具有很大的借鉴作用。

---

① 威廉·F. 奥格伯恩是美国现代社会学家，技术决定论者。

第七章
芒福德的城市和
技术普惠思想

  芒福德社会物质财富和文化创造机会的公平分配思想，还延伸到了城市资源和技术资源的社会共享方面。随着我国经济的持续发展，人民生活水平不断提高，我国的城乡居民收入、中东部地区和西部地区的收入仍然存在很大差距。如何实现经济平衡发展和全民共同富裕是我们目前亟待解决的问题。芒福德是美国 20 世纪最有影响的城市学家和社会学家。芒福德的城市和技术普惠思想在我国时下正在进行的工业现代化和城镇化飞速发展的特殊历史时期很值得我们借鉴。本章通过文本研究对芒福德在其《城市文化》、《城市发展史》、《技术与文明》及《城市展望》等著作中表现出来的城市和技术普惠思想进行了细致的挖掘和梳理，以资对我国的城镇化、现代化建设和尽快实现全民共同富裕的宏伟目标有所启发。

  芒福德在他的多部著作中都表现出强烈的普惠思想。他的这一思想无论在《城市文化》、《城市发展史》、《技术与文明》，还是在《城市展望》等著作中都表现得十分突出。芒福德虽然出生在一个中产阶级家庭，但他作为 20 世纪美国具有进步思想的知识分子，经历了两次世界大战、经济危机、原子弹爆炸、越南战争等各种重大历史事件，对人类的日常生活和未来命运从城市规划和技术发展等领域进行了深刻的思考。芒福德的著作既不是小说，也不是诗歌。用现在的标准来衡量的话，也算不上严格的学术著作。然而，芒福德的思想博大精深，是现代西方许多学术著作难以比拟的。芒福德博览群书，知识渊博，对各种社会问题的剖析纵观历史、看法独到深刻、分析问题往往引经据典，旁征博引，具有一种历史的厚重感。芒福德无论在研究西方的城市文化和城市发展史时，还是研究西方的科技发展史时，总是通古博今，同时又能联系当代西方社会现实。

芒福德的治学思想是针对当时的社会现实，为了解决实际问题有感而发的，因此，他的西方城市发展史和西方技术史不是单纯意义上的客观的学术史。因为，在他的著作中，字里行间都渗透着作者的主观存在。他的著作具有一种强烈的主观意识，芒福德在对历史进行追述的同时，会时不时地对各种城市或技术发展过程中所带来的各种各样的社会现象、社会问题和文化现象作出议论和批评。在他的这些议论和批评中，我们能感受到这个美国的现代知识分子对人类的整个未来命运的关注和对普通百姓的民生关怀。芒福德是一位"理想主义者"，"而非逃避现实的书斋文人"。芒福德参加了包括城市发展、交通政策、土地规划、环境问题、核武器问题以及技术问题等方面的公共政策辩论，参与了反对越战、支持马丁·路德·金领导的黑人民权运动等许多 20 世纪重大历史事件。[1] 芒福德是一名具有强烈社会责任感的知识分子，担当着现代美国社会的道义，属于美国当代学术界少之又少的真正"公共知识分子"。[2]

芒福德在追述西方技术文明史和城市发展史时，始终关注着技术和城市的发展究竟给普通人民带来了怎样的好处。芒福德考察技术进步的标

---

[1]　吴良镛：《芒福德的学术思想及其对人居环境学建设的启示》，《城市规划》1996年第 1 期，第 36 页。

[2]　Thomas P. Hughes & Agatha C. Hughes, (eds.) *Lewis Mumford: Public Intellectual*, New York, Oxford: Oxford University Press, 1990.

准是看此项技术是否真的为老百姓带来了真正的利益和生活的改善。这是芒福德有别于其他技术史家的不同之处。这种利民和惠民思想，在"当今学术专门化，知识学院化，知识活动非政治化的社会环境中"，①是十分难能可贵的。本章拟从以上谈到的芒福德的多部著作中，梳理出芒福德在城市空间领域和技术发展领域表现出的利民惠民思想和民主意识。

一、芒福德的惠民思想在其西方文明阶段划分中的表现

梁晓声在《中国社会各阶层分析》一书中说："对于人类社会，弱者与弱者的群体，与强者与强者的集体，同样拥有'过上体面而有尊严的生活'的权利。此乃天赋之权，其正当性毋庸置疑。恰恰相反，'胜者通吃'是非正义的。因为归根结底，国家不能仅仅是少数'胜者'的国家，社会也不能仅仅是少数'胜者'的社会。"②芒福德在其一系列关于城市和技术的著作中表达了与梁晓声相同的关心弱势群体，要求合理分配和享受全民劳动成果的思想。芒福德对过去西方城市文化和技术文化的考察和叙述总是伴随着这样一种思想，即考察上流社会和下层民众，统治者和被统治者在不同城市发展阶段、不同技术发展背景下的社会地位和状况，这反映了芒福德的阶级分析的观点和强烈的民主意识。尽管任何技术发明的新成果首先是被统治阶级和富裕阶层所享用，但是芒福德时刻关注和关心着社会的"另一半"，即普通公民大众是否能够享受文明的新成果。这成了芒福德判断一个历史阶段和一个国家和民族文明程度高低的最基本的标准。

芒福德在《城市文化》一书中，多次从文化现象和城市布局，揭示

① 徐贲：《知识分子——我们的思想和我们的行为》，华东师范大学出版社2005年版，第3页。
② 梁晓声：《中国社会各阶层分析》，文化艺术出版社2011年版，第397页。

了资本主义社会的阶级差别。通常的观点是自 17 世纪英国的工业革命开始，西方文明进入高速发展的新阶段。工业革命标志着技术的进步和社会的发展，标志着文明的新阶段。但是，在芒福德的著作中，却把这段西方文明说成是一种比中世纪欧洲文明更加糟糕的一个文明阶段。芒福德这样与众不同的观点看起来有些荒谬，但是仔细想来却也不无道理。他的这一观点主要是基于他对文明这一概念的理解。关于芒福德的文明观我已在"芒福德的技术文明观——与马克思和韦伯思想之比较"一章中进行了详细的论述，这里不再赘述。①

芒福德从平民百姓的立场出发，认为自 17 世纪中叶以后，劳动阶层被剥削的程度加重，他们的居住条件日趋恶化，居住面积日趋减少，生活状况每况愈下。芒福德反复使用阶级和"工人阶级"等词汇，并用阶级分析的方法分析了工业化之后的城市状况，显然受到马克思、恩格斯阶级分析思想的影响。但与马克思不同的是，芒福德对欧洲中世纪的看法有别于马克思。马克思认为人类的历史就是一部阶级斗争的历史：封建社会存在着封建主和农民之间的矛盾和斗争；资本主义社会存在着工业资本家和工人阶级之间的矛盾和斗争。但在芒福德的著作中，欧洲中世纪的封建社会却变成了社会关系非常和谐的社会。在工业革命之前，封建主和农民似乎关系和谐融洽。在芒福德的城市发展史和技术发展史等著作中，欧洲中世纪的师傅与学徒之间的关系是一个类似于父子之间的亲密关系，似乎不存在矛盾和斗争。芒福德这样表述的目的很显然是想在工业革命之前的历史中树立一个较为理想的社会形态，而这个中世纪也就成了芒福德要找回的和谐社会的样板。

在芒福德的著作中，工业革命的到来伴随着资本主义的社会形态，

---

① 李树学：《路易斯·芒福德的技术文明观——与马克思和韦伯思想之比较》，《中华文明的历史与未来国际学术研讨会论文集》，河北大学出版社 2009 年版。

产生了一切的社会弊端。资本主义工业的发展造成工人阶级的日益贫困，生存环境的严重污染，城市居住条件日益拥挤和不断恶化，各种瘟疫和骚乱频繁发生等。芒福德的这种历史观点主要是基于他对社会文明和社会进步的独特理解。芒福德始终站在普通的劳动阶层的角度来衡量社会的文明程度。虽然中世纪在技术方面与资本主义工业时代相比是非常落后的，但它由于社会关系相对而言比较和谐；由于利用水能和风能等自然能源，因此对环境的破坏程度相对较小；又由于人与人之间比较注重天然存在的宗亲关系和师徒关系，人与人之间的关系相对来讲比较淳朴和谐。因此在芒福德看来这一时期的整个社会的文明程度要比资本主义工业时代高。

资本主义工业的发展和技术的进步最初的发展阶段并没有给人民大众的生活带来多大改善。由于机器的发明和广泛的使用，资本家为了赚取更多的利润，工人的劳动时间不但没有缩短，反而加长；由于煤炭的使用和蒸汽机的发明和使用，造成了严重的环境污染，较之中世纪的手工作坊，工人的工作环境进一步恶化；由于资本家只注重利润，不注重生活的改善，导致城市工人阶层的居住环境日趋恶化和住房面积日益减少、拥挤不堪；由于资本主义的自由发展，城市环境缺乏统一的规划，混乱随意，城市景观丑陋恶劣；社会财富分配不均、贫富分化日趋严重。因此，虽然从技术层面来说，工业社会肯定比欧洲中世纪有了突飞猛进的飞跃发展，社会总财富有了大幅度的提高，但是对于工人阶级来讲，与资本家在社会财富的分配方面却出现了巨大的鸿沟。因此，在芒福德看来，社会的文明程度却降至谷底。

二、芒福德的城市惠民思想

芒福德不仅在历史阶段的划分中体现了对普通大众的关怀，而且在对欧洲城市发展史和技术发展史上出现的不同规划理论和实践以及各种不同的技术进步进行追述的时候，也自始至终贯穿了这一思想。根据芒福德的叙述，巴洛克时代的技术发展不是首先应用在生产领域，而是供宫廷娱乐。权力和娱乐是宫廷生活的支配力量。在论述巴洛克城市形式的时候，芒福德从来也没有忘记广大普通百姓的生活状况和利益。芒福德认为巴洛克奢华的宫廷生活只注重形式，不注重内容。巴洛克时期的城市规划表明了几何图案代替了实实在在的社会内容，社区机构不再决定城市规划，城市建设不是根据特别的社区生活需求而定，而是根据"独裁规划师"的对称原则，这标志着中世纪社区文化的丧失。芒福德指出巴洛克建筑的外观整齐和内部的肉体生命表现形式代表了整个欧洲文化的内在矛盾和分化。巴洛克规划"形式决定内容"的规划理念，是与芒福德以人为本，一切从生活出发的城市规划思想相悖的。另外，巴洛克城市和建筑，在芒福德看来，对于不同的阶级意味着不同的结果和不同的生活体验。"对那些生活在巴洛克生活内部的人来说，譬如：朝臣和金融家，这种正规的形式的确是有机的：它代表了他们作为一个阶级所创造的价值观。对那些外部的人，它却是一种对现实的否定和一种压迫的形式。"[1]

　　公园、博物馆、和动物园等在我们今天看来司空见惯的市政城市公共设施，其实，他们的由来有其很深刻的社会原因。芒福德在《城市文化》和《城市发展史》等著作中指出，公园的起源始于巴洛克宫廷生活，这是宫廷生活对现代城市建设的最大的唯一的贡献。巴洛克生活对花园、博物馆和动物园的兴起起到了关键性的作用，但遗憾的是最早这些城市设施都是为了满足国王和贵族们的娱乐、好奇和消遣而建造的。后来对公众开放，变成了公众消遣和教育的一种形式。芒福德从欧洲的历史和文化出发，揭示了巴洛克时期的星状城市规划始于贵族打猎的传统。处在星状规

---

[1]　Lewis Mumford, *The Culture of Cities*, London：Secker & Warburg, 1938, p.133.

划图中心位置的是贵族的住处或皇宫。因此，星状规划和八边形规划不是简单的几何图形式城市规划，而是与当时的社会生活密切相关，代表了王权和贵族权力向周围地区的辐射。①

总之，芒福德在叙述巴洛克规划时，不是单纯地从其美学的价值以及对后来的规划的借鉴意义和影响出发的；而是从更深刻的社会和文化意义入手的。芒福德把巴洛克城市规划形式深深的植根于当时的社会和政治背景，揭示了这种艺术形势的社会起源。这是与一般的艺术史不同之处。芒福德的城市发展史不是一部纯美学的城市史，而是一部西方社会和政治文化变迁的历史。在对巴洛克风格的评论中，芒福德打破了以往仅仅从美学的趣味和审美的改变来解释建筑风格的变化的局限性，而是从更宽广的视角，即从政治的、经济的和文化的角度去挖掘影响建筑风格转变的更深刻的社会原因。巴洛克这种规划形式无疑对于统治者和贵族的生活来讲是十分有益的。芒福德反对的不是巴洛克风格的城市规划和建筑风格，他希望把贵族阶层所享受的宽阔的生活空间和美丽的建筑风格，一切统治阶级所享受的生活方式，扩展到平民百姓。在芒福德看来，花园和公园不应成为少数富人的奢侈品，而应成为大众的休闲、娱乐和散步的场所。

这表现了芒福德的一贯思想：芒福德无论是在谈论城市规划还是建筑住房，总是考虑到工人阶级和广大百姓的切身利益，时刻想着平民百姓和广大普通市民。这种思想是一种实实在在的东西，不是一种虚无缥缈的美学概念。这是芒福德区别于一般技术史学家和城市史学家的地方。

芒福德的这种民主和惠民思想也表现在城市规划中运动场馆的布局。芒福德认为生物技术时代的标志是运动场、游泳池和沙滩的多少，而不是医院的多少。这反映了芒福德的健康生命观：即重在锻炼身体，重在健

---

① ［美］路易斯·芒福德：《城市发展史：起源、演变和前景》，中国建筑工业出版社 2005 年版，第 363—426 页。

身，提高肌体免疫力，而不是生病以后再治疗。芒福德的这种观点非常有远见，符合现代养生学的观点：运动和玩耍是健康的关键因素。为了提高广大市民的健康水平，芒福德大力提倡在城市中分散建造游泳池、体育馆、运动场和健身俱乐部等各种运动设施。芒福德认为运动设施应成为大众健身的工具，而不仅仅是进行大型表演和竞技的场所。因此，这些健身设施应建在每个社区里，而不应该集中建在大城市的中心位置。在市中心建立大型的运动设施即体育场和游泳馆等，不利于远离市中心的普通市民平时健身使用。虽然，从现代意义来看，建造大型的供各种省级、国家级和国际级别的比赛场馆和场地是非常必要的（如北京的奥运会场馆），但建造小型的社区型的运动馆对开展全民体育运动，提高全民身体素质则更为重要。因此，芒福德的这种"去中心化"设计规划理念是我们应该学习和吸收的。

芒福德还从民生的思想出发，为普通百姓规划了住房标准。首先来谈谈他对生活的定义。芒福德认为生活就是：孩子的出生和培养，人类健康和福祉的保存，人性的培养，作为各种各样活动场所的自然环境和公民环境的完善。人们的消费标准不是用金钱来衡量，而是根据"闲暇和健康，生命活动，审美享受和社会机会"来衡量的。芒福德对生物经济的向往，对生活的定义，实际上是比单纯的经济标准、金钱至上，物质享受更高的一种生活标准。单纯的经济利益和物质利益在芒福德看来，只不过是人类的一种低级需求的满足。作为人类来讲，拥有健康的体魄，享有平等的社会机会，拥有必要的闲暇和满足更高一层次的精神和文化需求，才是完美的人生。城市规划的任务和目标就是一切为了人民生活。围绕着对生活的理解，芒福德从生物经济出发，对现代人居的标准作了具体的描述。

芒福德认为现代住房首先是"一个为了生育、营养和培养功能的专门结构。……这样的结构应该方便做饭和就餐，方便卫生的清洁和保持，休息和睡眠不受到外部世界的干扰，私密的房事通年可以进行而少受打扰，对年轻一代的抚养可以使其得到有利的陪护和指导，……除了这些生理方面的要求外，还需要社交、玩耍和学习的空间，这就是现代人居的完美定义。"①

芒福德除了强调人的家庭生活之外，还强调现代住房与外界的联系。现代科技的发展使单个的、与世隔绝的房子成为不可能。每一个房子都通过无线电信号、电话、排水管、煤气管和电线（当时还没有互联网）与外界联系起来，成为社区、城市和世界的一个组成部分。芒福德对普通民居的要求，完全按照一种中产阶级的生活方式标准来规划的：既要有餐厅、厨房、卧室，还要有育婴室、客厅和书房等。

芒福德认为在资本主义美国普通的劳动人民要解决现代住房，关键问题是经济收入的再分配问题。如果"收入的公共再分配"不能实现，要实现整个社会住房的标准化和现代化只能成为空中楼阁。因此，芒福德建议通过提高工人工资，能够使工人买得起房。我们可以看到，芒福德在城市规划和人居方面时刻想着普通市民的利益，但他提出的通过工会的努力实现收入的公共再分配，在当时美国资本主义社会制度的历史条件下，是很难实现的。但这也恰恰反映出芒福德希望通过社会改良，实现社会公平、和谐进步的良好愿望。我国现在是社会主义国家，我们完全有能力有条件进行合理的社会财富再分配。通过社会财富的再分配实现全社会共同富裕，切实解决城市无房户和农村居民居住条件差的状况，大幅度改善普通百姓的住房问题，真正实现"生者有其居"的宏伟目标。②

芒福德认为城市不仅是一个地理概念、美学概念、同时也是一个社会和经济概念。芒福德所一再强调的正是这种社会概念。芒福德认为城市的社会性是第一位的，其他的一切物质组织如工厂和商业，通讯和交通的

---

① Lewis Mumford, *The Culture of Cities*, London: Secker & Warburg, 1938, pp.466-467.

② 牛文元：《中国新兴城市化报告 2011》，科学出版社 2011 年版，第 11 页。

规划必须围绕社会生活的需要而进行，必须围绕家庭住房、学校、图书馆、剧院等社区中心而建设，城市建设和区域建设要以社区建设为中心，工业布局要以民生为目的进行合理规划和布局。所有这些都体现了芒福德以民为先，以人为本的民生思想。

　　芒福德始终把城市经济方面的发展不平衡和社会的不平等联系起来。芒福德的这一思想和伊曼努尔·沃勒斯坦（Immanuel Wallerstein）的思想非常相似。① 沃勒斯坦认为中心城市和周边城市、市中心和非中心地区、构成了一种"特别的"经济，城市的经济依赖周边的乡村来支撑，这本质上是一种对农村地区的剥削。中心区域，坐落在工业世界，依靠的是对周边区域在能源和劳动力方面的剥削，这种情况在工业化国家内部和外部都普遍存在着。这种情况到 19 世纪已基本成为一种"世界体系"。资本的中心化和集中化是世界经济体系围绕大的权力中心进一步理性化，从而产生更大的影响力。②

　　芒福德设想了一个去中心化的公共空间来对抗这些结构化的权力。去中心化不仅包括使大都市负担过重的工厂和设备向周边区域扩散，也包括大都市公共生活的机构平等地向周边地区延伸和整合。因此，芒福德赞成沃伦·汤普森（Warren Thompson）所提出的变"单一中心"城市为"多中心"城市，把单一中心的城市变成具有多个社区中心的城市。芒福德认为城市规划应该按照功能把多个社区中心分散放置的原则，而不是按照中心化的原则，即按一个占统治地位的中心向外蔓延。芒福德从民生的

---

① 伊曼努尔·毛里斯·沃勒斯坦（Immanuel Maurice Wallerstein）生于 1930 年 9 月 28 日的纽约市，美国著名社会学家，曾任教于哥伦比亚大学、麦吉尔大学和耶鲁大学等，1994—1998 年担任国际社会学协会主席。主要著作有《现代世界体系》Ⅰ、Ⅱ卷。

② Luccarelli, Mark, *Lewis Mumford and the Ecological Region: the Politics of Planning*, New York: The Guilford Press, 1995, p.182.

角度出发认为每个社区中心，每个城市不论人口多少，规模多大，都应该在区域规划中占有相同的"效价"。成为独立的单位，而不是从属于一个大的城市中心或城市。①

芒福德同时也承认去中心化不是绝对的。芒福德意识到一种利用去中心化强调孤立的、享有特权的自鸣得意的飞地倾向。芒福德知道在具体的实践中，去中心化可能会被用来当作支持某些特权利益的挡箭牌。去中心化可能被用来否认我们生活在一个在经济上和功能上相互依存的现代社会，也就是杜威称之为"大社会"的现代社会，所以任何形式的独立王国是不存在的。因此，芒福德建议"大的区域变成政治和经济生活的基本单位，省内各区域之间的相互联系和国家内部的各省之间的相互联系同等重要。相互之间的矛盾与合作必须在这些更广大的地区来完成。"②

芒福德在强调合作的同时，也强调城市生活的多样性和丰富多彩。芒福德认为城市应该是一个富有戏剧化的地方，而不应成为种族或阶级隔离的场所。单一的社会阶层，单一的工业活动很难产生人类成果的最高形式。产生这种高级形式需要多层面的城市环境。要实现有效的社会交往，限制城市的规模和人口密度是合理的经济和民生设计的最重要的工具。根据城市的社会属性，要求限制城市的无限制的蔓延。芒福德反对建造特大的大都市和中心城市。除了实际的生活考虑之外（即住在大城市的生活成本），芒福德的思想中还包含着民主政治的因素。因此，对芒福德来说，城市规划不仅是为人们创造一个适宜生存的城市环境，更重要的是为人们创造一种更加平等的、更加民主的城市生存空间。

---

① Lewis Mumford, *The Culture of Cities*, London：Secker & Warburg, 1938, p.133.

② Luccarelli, Mark, *Lewis Mumford and the Ecological Region：the Politics of Planning*, New York：The Guilford Press, 1995, p.185.

三、芒福德的技术惠民思想

在谈论技术的发展与文明的关系时，芒福德始终关注着技术的发展给整个人类带来的是福还是祸。芒福德认为工人阶层自13世纪以后至19世纪逐步堕落为机器的奴隶。和马克思的观点相似，芒福德认为技术的进步本应给人们带来娱乐和闲暇，本应该把劳动阶层从沉重的劳动中解放出来，但是实际上，机器的发明和使用一方面给资本家带来了更高的利润；另一方面却使工人成了机器的奴隶，成了机器生产中的一个链条。工人的工作时间反而由于机器的不停运转而延长到一天24小时。芒福德说："节省劳动的装置（机器），本该扩大闲暇的总量，却变成了使越来越多的人口保持在贫困水平的工具……新技术时代技术的改进，如果没有相应的更高的社会目的相匹配，只是放大了堕落和野蛮的可能性。"[①]　这就是马克思所说的"异化"。芒福德对在资本主义体制下，工人阶级的异化现象充满无限的同情。在《技术与文明》一书中，芒福德在叙述资本主义工业化初期技术的进步给劳动阶层带来的结果时这样写道："穷人像苍蝇一样繁殖着，长到成熟的工业年龄——10到12岁——在新建的纺织厂和矿山很快地完成了他们的使命，然后廉价地死去。"[②]

芒福德在叙述西方技术的发展时总结出如下的怪现象：技术的不断改进带来了劳动力的过剩，工人阶层的社会地位更加低下。因为在资本主义的自由契约制度之下，工人的劳动力价值逐渐被机器所代替，在与资本家

---

① Lewis Mumford, *Technics and Civilization*, London：George Routledge & Sons, 1934, p.266.

② Lewis Mumford, *Technics and Civilization*, London：George Routledge & Sons, 1934, p.261.

的讨价还价中完全处于劣势地位。工人的罢工又进一步刺激了机器的发明和改进。单纯地从技术层面来讲，人类历史是不断进步的，但是工人阶级的工作环境和生存状况却是不断恶化的。芒福德在衡量社会进步时，时刻关注着工人阶层在技术进步的背景之下的生活状况，这是芒福德有别于其他西方技术史家的特别之处。芒福德在考察技术的进步给人们生活带来了怎样的变化时，不单单考虑工业家、殖民者，芒福德所说的"人们"还包括普通工人和殖民地人民。芒福德时刻关注着技术的进步给这些人的生活带来了怎样的变化。

要改变工人阶级的这种状况，芒福德认为必须改变资本主义的经济和政治体制。芒福德说道："这种体制（这种把所有权和红利限制在人口的一少部分的体制），的确和生活要素的规划生产和分配不适应，因为由私有资本家创造的为私有资本家服务的资本主义的原始机构主要使这部分人得到好处，这种体制下创造的金融价值和真实的货物不能使整个人群受益。"[1] 在这里我们可以清楚地看出，芒福德在考量技术发展给人类带来的好处时，没有只考虑社会的少量拥有财富的一部分人口，而是把占人口绝大多数的劳动人口的利益放在首位。芒福德对劳动阶层在资本主义体制下由于技术的不断进步和发展带来的被异化的命运感到无限的同情，并提出了改变这种体制的愿望，成了劳动大众的代言人。

四、芒福德公平思想的国际延伸

芒福德的这种关心弱势群体的民主思想不仅表现在考察西方城市发

---

① Lewis Mumford, *Technics and Civilization*, London: George Routledge & Sons, 1934, p.267.

展史时，时时刻刻考虑到工人阶级的生活状况，而且，作为一个富有强烈的正义感和道德良知的知识分子，芒福德超越了自己的民族、种族和阶级的限制，始终坚守着知识分子维护社会正义，追求世界公平的道德责任。芒福德不仅在叙述巴洛克城市规划的时候时刻想着城市的芸芸众生，而且在谈到欧洲的对外殖民扩张时，也公正的站在被奴役和被掠夺的民族一方。

他在著作中认为，基督教的虔诚和资本主义的贪婪是新的征服者漂洋过海抢掠印度、墨西哥和秘鲁等海外殖民地。在谈到欧洲从中世纪社会向资本主义社会逐渐过渡的过程中，芒福德指出：中世纪的城市的保护功能让位于无情的剥削，统治阶级对内残酷剥削无产阶级，对外把南美和北美当地的"野蛮文明"碾成齑粉。芒福德一针见血地指出：世界分割的目的是工业家争夺原料产地和销售市场，对原料产地和产品销售市场的争夺带来了帝国主义的战争。芒福德洞察到城市人群被领导者以爱国主义的谎言变成了野蛮的杀人工具，帝国主义战争支配着对文明的践踏，城市作为战争力量的焦点表明了对真正的文明概念的摧残。芒福德认为帝国主义是建立在征服、掠夺和民族剥削基础之上的，是对文明有害的。[①]

芒福德在叙述基督教的十字军东征时这样说道："依同理，在近东的一连串十字军作战，也可以算是西方帝国主义的最早表现。此种表现在第四次十字军东征时，也就达到其最高境界，几乎是毫无借口的，他们就顺道对基督教国家的拜占庭加以抢劫和破坏。同样，葡萄牙人自航海者亨利王子开始对非洲的探险开了一个恶例的先河，他带回了黑人奴隶。这种早已随着封建社会和城市的发展在欧洲早已死亡的奴隶制度又死灰复燃。这种非人道的恶行被葡萄牙人、西班牙人和英国人传播到了新世界。因为有

---

① Lewis Mumford, *The Myth of the Machine* (*II*)： *The Pentagon of Power*, New York： Harcourt Brace Jovanovich., 1964, pp.5-7.

了甲胄、十字弓、滑膛枪和火炮等项装备，于是这些征服、榨取、和奴役才会变得可能。"① 芒福德在这里对任何反人道的侵略行径和非人道的奴隶制度进行了客观的、无情地揭露和谴责。同时也揭示了技术运用的反面样板，技术不是用于正义的目的，而是助长了对其他民族的征服、掠夺，助长了邪恶的进一步扩大。

芒福德在叙述美国建国时期光鲜亮丽的一面的同时，也揭示了美国白人对印第安人土著所犯下的罪行。芒福德十分同情美国印第安人的悲惨命运，揭露和谴责了美国早期移民的矛盾性。一方面，新世界"冲淡了"旧世界的"阶级、特权和合法的不平等现象"；"王权"受到了代议制政府的限制，社区自治在新英格兰也有健全的发展。另一方面，这些早期的移民又对美国的土著居民印第安人实行大量的屠杀和土地掠夺。芒福德这样写道："这种矛盾没有任何地方比北美洲更加臭名昭著。就是这些殖民者他们抛下对英国的效忠，以自由、平等、和追求幸福的权利为由，对印第安人实施了经常性的军事压力，通过欺骗和强制等手段系统性地获取他们的土地，并恬不知耻的美其名曰'购买'，通过合约取得合法性。而美国政府却一而再、再而三的根据自己的需要破坏这些合约，并且这种行为现在还在继续。"② 芒福德在这里揭露了美国建国的过程中对土著印第安人所犯下的罪恶。

和许多近代美国的历史学家不同，芒福德揭示了美国人开发西部的历史不仅仅是追求独立、民主、自由的历史，同时也是土著印第安人惨遭杀戮和奴役的血泪史。芒福德进一步写道："就是这些移民为了独立和自由的缘故离开了他们的海滨居住地。他们不仅要求中央政府帮助他们开

---

① Lewis Mumford, *The Myth of the Machine* (II): *The Pentagon of Power*, New York: Harcourt Brace Jovanovich., 1964, p.7.

② Lewis Mumford, *The Myth of the Machine* (II): *The Pentagon of Power*, New York: Harcourt Brace Jovanovich., 1964, p.8.

凿运河、修建高速公路和铁路，并且还要求国家派遣军队保护他们的居住地，挤占、剥夺、甚至对西进过程中挡着他们道路的土著人实行种族灭绝。①

他一针见血地指出西方人在发现新大陆的过程中所犯下的滔天罪行："由于远离旧世界之外，一切古老的禁忌，传统的智慧，和宗教的限制是都已荡然无存，这些西方人抹掉了一切邻里之爱和谦恭，他们走到那里，一切的坏事也跟到那里：奴役制度，土地强夺，目无法纪，毁灭文化，屠杀野兽和善良的人类。……据当时的一位观察家所估计的，自从哥伦布登陆之后，仅仅在六年之内，西班牙人所屠杀的当地土著居民总数已达一百五十万人之巨。"②

芒福德能够从西方世界内部揭露帝国主义战争的侵略性质，揭露在哥伦布发现新大陆过程中对当地土著，以及美国人建国和开发西部过程中对印第安人所犯下的滔天罪行，保持了一个有强烈的正义感和道德良知的知识分子的道德操守，这种行为是十分难能可贵的。

芒福德虽然出生于小资产阶级家庭，自己是靠写作和讲学为生的知识分子，拥有私有房产，虽不算富有，但可以说衣食无忧。然而，芒福德出于对社会公平的考虑，自觉肩负起社会的道义，敢于在技术和城市空间为百姓的生活和利益考虑，并撰文批评资本主义的政治体制和经济体制，为广大百姓谋福祉的思想和行动，超越了自己的阶级局限，实属难能可贵，也是值得我们中国的知识分子学习的。芒福德的这种思想实际上跟我国现在提倡的和谐社会的治国理念是基本吻合的。芒福德主张全民应该共享由于经济、社会、城市发展和技术进步所带来的劳动成果和闲暇。由于

---

①　Lewis Mumford, *The Myth of the Machine* (*II*)：*The Pentagon of Power*, New York：Harcourt Brace Jovanovich., 1964, p.15.

②　Lewis Mumford, *The Myth of the Machine* (*II*)：*The Pentagon of Power*, New York：Harcourt Brace Jovanovich., 1964, p.8.

技术的不断进步，自动机械化的生产从物质方面来讲能够创造出更加丰富多彩的产品，这些产品应该能使越来越多的人口享受得到、享受得起。自动化的生产在精神和文化层面可以给全体公民带来越来越多的闲暇时间，去进行更高层次的艺术创造，体验高水平的文化生活。因此，芒福德所提出的大众生活标准实际上是一种更高级的生活标准，是一种不仅能满足人的物质需求，而且又能满足人的更高层次的精神和文化需求的理想生活状态。

第八章
芒福德的全球一体化意识

我们现在已经进入了 21 世纪，世界经济越来越趋向国际化。随着现代科技的高速发展，超音速飞机可以把我们很快从地球的一端运送到地球的另一端，实时通讯技术可以使在空间上很远的两个人实现视频聊天，就好像在身边一样。现在的高科技已经使我们居住的地球变成了一个名副其实的"地球村"。面对这样的现实，我们作为居住在地球上的人应该怎样和平相处，怎样避免经济、政治、地理、意识形态方面的争端，共同把我们居住的星球管理好，建设好；如何共同面对大气和水污染、如何共同应对全球气候变暖，海水水平面逐渐升高对整个人类生存环境的影响；如何共同面对诸如地震、海啸、飓风、泥石流等各种各样的自然灾害；如何共同面对威胁人类健康的全球性的传染疾病，诸如 SARS 和 AIDS 和最近发生的 Ebola 病毒等。除此之外，发达的国家如何帮助贫穷落后的国家消除贫困，治理环境污染，而不是一味地把第三世界作为廉价的劳动力市场、资本输出和资本剥削的对象、电子废旧产品的垃圾场和高污染的化工厂生产地，真正实现全世界和平发展，共同富裕。虽然现在已经有各种各样的全球化理论出现，但芒福德在 20 世纪 30 年代至 50 年代提出的一些全球化意识（理论）在今天看来仍然具有很重要的指导意义。本章试图从芒福德的《人类必须行动》(Man Must Act)(1939)、《生存的信念》(*Faith for Living*)(1940)、《用理智的名义》(In the Name of Sanity)(1954)等多部著作中挖掘出芒福德的全球化思想。

关于全球化的讨论在 20 世纪 90 年代到本世纪初的第一个十年间非常热烈，出现了各种各样的观点。有的学者认为全球化理论不值一提，根本没有像样的一个理论可言[1](Suzan Strange 1995)；对于其他人来讲，全球化意味着"历史的终结"和自由主义意识形态的胜利，人类社会将进入一个自由资本主义的、相互依存的世界[2](Fukuyama, 1993)。对于基尼奇·欧密(Kinichi Ohmae)来讲，全球资本主义创造了全球化的相互依存以至于传统的疆域以及绝对主权国家的概念正在受到削弱，人们更倾向于一种政治上、经济上互相联系的世界秩序[3](Ohmae, 2005)。全球一体化的讨论主要集中在经济领域，有的经济学家如保罗·赫斯特(Paul Hirst)和格拉哈姆·汤姆逊(Grahame Thompson)认为今天的世界经济还没有 1800 年以前的经济更加全球化。根据 Hirst 和 Thompson，世界经济的联系主要局限在北美、欧洲和日本之间的经济合作，因此对于他们来说经济的全球化实际上只不过是全球经济的三角化。这一观点实际上是一种左派的观点，对资本主义经济试图代表全球经济以便主要几个资本主义国家对其他经济落后的国家实行剥削进行了批判[4](Thompson, 2005)。有些后全球化理论家认为全球化时代已经突然结束[5](Ferguson, 2005)，

① Strange, S. 'The Limits of Politics', *Government and Opposition*, 30 (3), 1995, pp.291-311.

② Fukuyama, F. *The End of History and the Last Man*, New York: Penguin, 1993.

③ Ohmae, K. *The Next Global Stage: The Challenges and Opportunities in Our Borderless World*. Chicago IL: Wharton School Press, 2005.

④ Thompson, G. 'The Limits of Globalization', in D. Held (ed.), *Debating Globalization*. Cambridge: Polity, 2005, pp.52-8.

⑤ Ferguson, N. 'Sinking Globalization', *Foreign Affairs*, 84 (2), 2005, pp.64-77.

有的认为全球化理论太过贫乏以至于根本就没有存在过①（Rosenberg，2005），并且全球化的过程自美国 9·11 事件以后开始逆转，因为新兴的民族主义和本土主义的地缘政治开始升温②（Saul，2005）。

这些关于全球化的理论观点，根据谢菲尔德大学的盖瑞特·瓦利斯·布朗（Garrett Wallace Brown）的看法，只关注一种单一的因素或趋势，就妄下定论，认为全球化是好的或坏的，或者是一种错误的神话。盖瑞特·瓦利斯·布朗认为全球化既可以向好的方向发展，也可以向坏的方向发展，问题的关键是要构建一种未来向好的方向发展的理论来引导全球化的发展方向③（Garrett Wallace Brown，2008）。这一观点似乎与芒福德的全球一体化思想基本一致。

对于全球化的认识，芒福德其实早在 20 世纪的三四十年代在他的一系列关于技术和城市、时政和人类文明等著作中就有很好的论述。只不过芒福德的这种论述非常散乱，我们需要对他的多部著作进行很细致地研读，通过归纳总结才能搞清楚芒福德关于全球化的基本观点。

芒福德在 1934 年研究西方技术发展史的时候就注意到地理资源的全球分布的不平衡。有些资源只有在特定的区域或国家才存在。因为技术和经济的发展需要依赖这些物质，尤其是一些稀有金属。所以，要维护西方经济的持续稳定的发展，就需要经济和技术的全球化合作。芒福德认为虽然像玻璃、铜、铝和铁等大量存在于世界各地，但是像石棉、云母、钴、镭、铀、钍、氦、铈、钼、钨等物质却非常稀有，且地理分布非

---

①　Rosenberg, J. "Globalization Theory: A Post Mortem", *International Politics*, 42 (1), 2005, pp.2-74.

②　Saul, R. J. *The Collapse of Globalism*. London: Atlantic Books, 2005.

③　Garret Wallace Brown, "Globalization is What We Make of It: Contemporary Globalization Theory and the Future Construction of Global Interconnection", *Political Studies Review*: 2008, VOL. 6, pp.42-53.

常有限。"锰——制造合成钢的最重要的原料，只集中分布在印度、俄罗斯、巴西和非洲的黄金海岸。钨——70% 的供给来自南美，9.3% 来自美国；至于铬铁矿现在一半的供给来自南罗德西亚，12.6% 来自新喀里多尼亚，10.2% 来自印度。橡胶也只局限于一些热带和亚热带地区，主要分布在巴西和马来亚群岛。"

因此，芒福德总结道："这种新的工业的物质基础既不是国家范围的也不是大洲范围的，而是全星球的：这种全球化也适用于它的技术的和科学的遗产。……在这种情况下，没有那个国家和大洲能够把自己用一堵围墙圈起来而不毁掉它的技术的根本和国际化的基础。所以，如果新技术经济想要存活，除了通过把它的工业和国体按照全球化的范围进行设置，没有其他别的选择。闭关自守和国家对立只是诚心寻求技术自杀。稀土和稀有金属的地理分布几乎决定了这一事实。"① 芒福德在这里通过对新技术时代的分析，得出了技术和经济的可持续发展必须走全球化道路这一结论。这种全球化的技术和经济只能建立在相互合作、相互依存、共同发展的道路之上，而不是建立在技术征服、殖民掠夺、以强欺弱、以大欺小等不平等的基础之上。

芒福德在追述机器文明的发展过程中始终坚持一个"公共知识分子"的道德良知，始终站在被征服、被殖民、被经济剥削的土著居民的立场上，对殖民地的人民赋予无限的同情。对资本主义国家凭借先进的技术对自然和殖民地人民的征服和掠夺进行了强烈的谴责。"这种矛盾没有任何地方比北美更加臭名昭著。就是这些殖民者抛下对英国的效忠，以自由、平等、和追求幸福的权利为由，对印第安人实施了经常性的军事压力，通过欺骗和强制等手段系统性地获取他们的土地，恬不知耻地美其名曰'购

---

① Lewis Mumford, *Technics and Civilization*, New York：Harcourt, Brace and Company, 1934, pp.232-233.

买',通过合约取得合法性。然后美国政府却一而再、再而三的根据自己的需要破坏这些合约,并且这种行为现在还在继续。"①

从这些文字中我们可以看到芒福德从比较客观的角度追述了欧洲殖民者在寻求幸福生活,追求自由平等的过程中始终伴随着对北美印第安人的征服和大量血腥的屠杀。尽管欧洲人最初的理想是追求"独立和自由",但开发西部的历史一直伴随着对土著印第安人的"驱逐和毁灭"。毋庸置疑,先进的技术在征服新世界的过程中起到了关键的作用。但芒福德对于技术的这种征服性的应用始终持批判的态度,实际上芒福德连篇累牍的撰文正是要教育人们矫正这种技术应用的偏差,从而能够使先进的科学和技术成为全人类共同的遗产,真正造福地球上的所有人类。这也正是芒福德"有机论"的思想精髓。

一、芒福德对第二次世界大战的看法

正是基于这种对全球化的人类文明思考,芒福德在第二次世界大战中才极力呼吁美国向德国、日本、意大利宣战。因为德国、意大利和日本凭借自己先进的技术实力,对弱小的国家和民族开始了极权主义的征服。芒福德对全球面临着处于极权法西斯的控制之下的威胁备感担心,因为在希特勒和墨索里尼统治下的德国和意大利,人们的自由思想和意志受到了前所未有的控制和限制,民主遭到了前所未有的践踏和破坏。根据芒福德的看法,如果美国和英国一样在第二次世界大战前期采取孤立主义的外交或绥靖政策,法西斯主义将会很快向全球蔓延,美国在不久的将来也不能

---

① Lewis Mumford, *The Myth of the Machine* (*II*): *The Pentagon of Power*, New York: Harcourt Brace Jovanovich., 1964, p.8.

幸免。

芒福德不仅批评了英国的时任首相张伯伦对希特勒采取高度容忍的绥靖政策，并且对英国政府在慕尼黑会议上出卖捷克斯洛伐克感到无比的愤怒，更是对美国的罗斯福当局在二战前期无所作为提出了大胆的批评。当然，后来的历史研究证明，罗斯福总统在第二次世界大战初期为美国参战还是做了很多工作的。1939 年当德国的希特勒和苏联的斯大林签署了互不侵犯条约（Nazi-Soviet Pact），德国吞并了捷克斯洛伐克后，美国的罗斯福总统就试图给国会施压，要求美国国会解除中立议案中的武器禁运条款，打算把武器卖给交战国，后受到议员们的阻挠而作罢。罗斯福虽然自己私下里倾向于支持英法，但在 1939 年美国的公众并不支持美国卷入跟他们自己毫无关系的欧洲战争。

罗斯福希望美国公众能够慢慢认识到美国参战是"出于自身的利益而不是为了某种伟大的国际改革项目"。罗斯福甚至夸大战争对美国的威胁以便形成公众的舆论支持。1939 年秋季，罗斯福再次修改中立议案，终于成功解除武器禁运条款。这样可以使英法采取现金支付，一手交钱一手交货的方式，从美国取得武器。1939 年冬季—1940 年，美国共向英法提供了价值 5000 万美元的武器。1940 年罗斯福启用了亲盟军的共和党人亨利·思迪姆逊（Henry Stimson）和弗朗克·诺克斯（Frank Knox）分别为美国作战部部长和美国海军部长。同年夏天罗斯福开始修改征兵法案，努力把扩充军队变为现实，9 月份尽管遭到很多和平协会和反战团体的反对，议会还是通过了兵役法案。1941 年罗斯福让议员们和代表们知道美国支持"四个自由——言论自由、信仰自由、免于匮乏的自由和免于恐惧的自由"。到此时罗斯福才公开支持英国为自由而战，并要求国会制定租借法，授权总统"租、借或任意处置价值大约 70 亿美元的各种武器装备给任何国家，前提是当这些国家的防御对美国至关重要时。"由此可见美国的罗斯福总统从二战一开始就为美国参战开始做各种各样的准备。①

芒福德在 1939 年和 1940 年出版的两部时论著作中，透彻地分析了法西斯主义，指出了法西斯政权统治的本质是靠欺骗、危机、谋杀、恐怖等手段来维系的。"通过恐怖达到臣服，通过压制达到统一。"这样的社会在芒福德看来是非常荒唐的，这样的统治手段在芒福德看来是非常愚蠢的。

芒福德总结出法西斯主义的六大特征：第一，美化战争，把战争看成是人类的一种永恒状态，把战争作为所有强大国家的特征。第二，蔑视身体虚弱者，把弱者消灭掉或把他们当作施虐的对象。这和同情弱者、扶持弱者的基督教精神完全相背离。第三，蔑视科学和客观真理，宣扬雅利安民族和日本民族的高贵血统，贬低犹太人、自由主义者、社会主义者、天主教徒和所有非白人血统为低贱的种族。第四，痛恨民主，因为民主意味着负责任的大众控制和大众主动权，因为这种大众民主对法西斯领导至高无上的权力是一种阻碍。第五，痛恨文明，因为法西斯主义靠的是欺骗、宣传、强制、残忍、侵略性的攻击、虚幻、战争和毁灭为手段，因此对人类文明没有任何贡献。如果有的化也只是"野蛮的贡献"。第六，身体虐待，纳粹集中营对犹太人使用的各种暴力诸如殴打、用手指戳瞎眼睛、暴力致残等种种虐待手段。②

芒福德认为"政治社会的整个问题在于在众多的、相互矛盾的各种利益分配中达到秩序，在完成共同目的的时候不消灭每个个体的能量、能力和目的。"③ 这是民主社会区别于法西斯社会的主要特点。芒福德呼吁美

① Robert D. Schulzinger, *U.S. Diplomacy Since 1900*, Oxford University Press, New York：1998，pp.167-178.

② Lewis Mumford, *Men Must Act*, Harcourt, Brace and Company, New York：1939, pp.29-36.

③ Lewis Mumford, *Men Must Act*, Harcourt, Brace and Company, New York：1939, p.19.

国政府和人民为捍卫民主而行动起来。芒福德对民主的理解不局限于美国的民主选举体制，他所强调的民主是一种基层民主、社区民主，人们可以自由行动、自由意志、自由管理社区事务、人人都能够发挥自己的主观能动性，发挥自己的聪明才智的民主。芒福德同时也强调民主必须在法律规定的范围内运行。民主以遵守法律为前提，而非人的绝对的无限制的自由是不存在的。个人的自由不以侵犯别人的权力和自由为前提。

芒福德认为"民主不是政府体制，而是一种生活方式。它和许多政府体制是匹配的。""它可以是农业社会的、资本主义社会的或社会主义社会的。"民主的两大特征是：第一，"被管理者的参与和同意"，不是"被动地默认"，而是"积极的同意，通过不断地咨询、讨论和自由辩论。同意有两个先决条件：自由调查和自由选择。""第二个原则就是充分尊重人的个体，尊重个人通过各种不同的集体形式进行表达和反表达。如果要明确地阐明或理性地决定一个问题，不仅每个人有权表达自己的意见，而且各种各样的意见、观点、和理论都应该充分地体现出来。"①

芒福德虽然承认民主在美国的现时资本主义工业社会由于受到"大财团"独裁的控制和地方的"政治老板和金融老板利用民主体制的漏洞，违反了民主的原则"，人们的自由空间并不大，存在着严重的缺陷，还有待进一步完善，但总起来说还是比法西斯国家强了许多。"各种各样的邪恶存在于民主国家：显示强权、阶级剥削、集体施虐狂的局部暴发：比如像南方不时发生的对黑人的私刑。但是，与法西斯主义不同的是，民主国家并不是建立在这些邪恶的存在之上；民主国家也不赞美它们，不认为它们是新的美德。"②芒福德正是通过民主国家与法西斯政权的对比，驳斥当

---

① Lewis Mumford, *Men Must Act*, Harcourt, Brace and Company, New York：1939, pp.37-38.

② Lewis Mumford, *Men Must Act*, Harcourt, Brace and Company, New York：1939, p.42.

时美国流行的外交上的孤立主义倾向，来呼吁美国政府和人民起来捍卫民主政体，向德国、日本和意大利宣战，遏制法西斯主义的全球化蔓延。

芒福德在第二次世界大战爆发前期，作为一名身无任何官职的美国普通的知识分子，在法西斯暴行和它的吞并世界的贪婪本性没有完全暴露之前，能够洞察法西斯主义对整个人类世界的威胁，这是非常难能可贵的，具有真知灼见的，也是非常勇敢的。因为美国当时的情况是，在美国政府和议会内部，自第一次世界大战之后，孤立主义外交政策一直占据主导地位。1935、1936 和 1937 年的中立法案"建立了具有神圣性质的孤立主义的经济上的中立主义。"许多像杰拉德·奈（Gerald Nye）和威廉·巴罗（William Borah）等国会议员认为，美国现在需要把注意力集中在国内，不必担心世界上发生的事情。1935 年的中立法案甚至抛弃了传统的中立自由贸易，禁止把武器卖给任何交战国。这些中立的法案意在减少战争风险，把国内的经济复苏和改革作为主要任务。

1937 年盖洛普民意调查显示 66% 美国人对西班牙内战一无所知。孤立主义的共和党集团和其支持者在国会内部极力阻止美国直接参与西班牙内战、亚欧和欧洲战事。许多美国人甚至不赞成援助或同情与德国、意大利和日本交战的国家。当时的极端孤立主义阵营包括很多知名人士和知识分子如林德伯格、瓦特·迪斯尼、辛克莱·路易斯、E.E.卡明斯等。1941年民调显示大多数美国人不支持向德、意、日宣战。直到 1941 年《大西洋宪章》公布才使美国和英国共同对付纳粹德国正式化。虽然罗斯福在此之前已经默默地使美国和英国结盟，但是直到 1941 年 12 月 7 日日本飞机轰炸美国住太平洋海军基地珍珠港，反战团体和反战人士才正式偃旗息鼓。①

---

① Christopher McKnight Nichols, *Promise and Peril：America at the Dawn of a Global Age*，Cambridge：Harvard University Press，2011，pp.329-339.

然而，在第二次世界大战后期，1945 年 8 月 6 日美国空军 B—29 在日本的中等城市广岛投下一个代号为"小男孩"的原子弹，8 万人当场毙命，整个城市瞬间毁灭，被夷为平地。一个幸存的杂货商人事后回忆说成千上万个受伤的人们纷纷逃离大火燃烧的废墟。"他们抱着胳膊、弯着身子、皮肤松弛、像幽灵般行走着。他们完全不像这个世界的人们。"另一个目击者回忆说："他们精神沮丧、神情恍惚，像机器人一般行走着。"

8 月 9 日，另一架 B—29 从塞班岛出发飞行 2500 英里在日本的另一城市长崎投下另一枚原子弹。6 万日本人被炸死。① 当芒福德从报纸和收音机得知这一消息时感到无比的震惊和沮丧。他沉默了好长时间，然后开始撰文反对研制和使用原子武器。芒福德开始对美国的科学家、元帅们、海军司令、议员们和那些身居高位的掌握着国家命脉的权力机关进行了无情的批判。

芒福德的第一篇文章的题目是"绅士们，你们疯了"。这篇文章发表在 1946 年美国的《星期六文学评论》上。在这篇文章中芒福德把他们比作麦尔维尔小说《白鲸》中的亚哈，认为他们的目的是理智的但是他们的方法却是疯狂的。他们的这种疯狂将导致整个人类被原子武器毁灭。他呼吁研制原子弹的科学家们找回理智，不要充当巨机器的僧侣。要求科学家们写出详细的预后报告，预测原子弹给人类将要带来的社会的、政治的、肉体上的、心理上的、经济上的、生态方面的种种危害。芒福德预测如果继续使用原子弹必将导致人类的"众神的黄昏"。

第二次世界大战不仅是整个人类的灾难，也给芒福德个人带来了永久的伤痛。芒福德唯一的爱子盖迪斯·芒福德在第二次世界大战中在欧洲战场攻打意大利时不幸阵亡。这对芒福德和他的妻子索菲亚是一个沉重的

---

① Robert D. Schulzinger, *U.S. Diplomacy Since 1900*, New York：Oxford University Press, 1998, pp.198-199.

打击。但芒福德并不认为盖迪斯的死是无价值的，相反他为盖迪斯而感到无比的骄傲。芒福德是一个为理想而奋斗，为信仰而活着，为精神而写作的人。芒福德主张美国参加第二次世界大战并不是出于任何经济的考虑，而是从意识形态领域为维护自由、平等的生活方式，为防止法西斯主义在全球蔓延而号召美国人民参战的。但芒福德并不主张使用原子弹和核武器来击败对手。芒福德主张使用合理的手段来达到目的，而不是一个为达到目的而不择手段的人。芒福德担心是在对抗法西斯的时候，由于敌人的残忍和不择手段，对抗的人在对抗的过程中也变得和敌人一样成了"野蛮的人"。由此可见，芒福德是一个思维缜密、极富正义感、远见卓识的知识分子。

芒福德指出第二次世界大战的胜利者通过使用原子弹和对平民进行轰炸在道德上和战败者一样应该受到谴责。芒福德对使用原子弹的抨击主要出于他多年来一再重复的论点既：技术单方面的长足发展，缺乏必要的成熟的思想控制和社会机制的约束。人类的技术进步已经远远超过人类能够驾驭的程度。如果用马尔萨斯的人口论来形容的话就是技术成几何级数在增长，而人类的社会技巧和道德控制却还是以数学级数在增长，或者说在倒退。

二、芒福德对美苏冷战的看法

在第二次世界大战结束以后，世界出现了以美国为代表的资本主义和以苏联为代表的社会主义两大阵营。美国和苏联在第二次世界大战结束以后对世界局势的看法，以及在欧洲和亚洲等种种问题上的看法，出现了重大的意见分歧。1945 年以前美国在外交上一直凭借着自己拥有世界上独一无二的原子弹，对苏联一直采取非常强硬的态度。到 1949 年 9 月当获知苏联的原子弹也试爆成功后，美国总统和整个华盛顿异常震惊。美国在武器上的绝对优势被打破。美国政府怀疑苏联在这么短的时间内就研制出自己的核武器，肯定美国内部有人向苏联泄密。因此美国一方面加快研发更先进的核武器，扩充军队，一方面着手清理内部的苏联间谍。

早在 1945 年美国的共和党为了选举总统开始指责美国政府的内部存在"颠覆者"、"间谍"、"安全风险"。认为美国的共产主义者和苏联间谍受克里姆林宫的控制已经渗透到美国的政府机关。1945 年夏天，美国总统杜鲁门当局为了保护自己不受反共产主义的反对党的批评，开始在美国政府内部"揭露和清除""颠覆者"。1945 年 7 月，美国联邦调查局宣布他们逮捕了一个叫《美亚杂志》（Amerasia，一部发行量很小的研究美亚外交关系的学术杂志）的编辑们，指控他们持有政府的文件。联邦调查局还扣押了一名刚从中国回国休假的驻中国的外交官约翰·斯图亚特·塞维斯（John Stuart Service）。这名外交官只是一系列的外交官中第一个被指控对美国不忠的中国问题专家。后来证明他们唯一的罪行就是准确地预测了国民党的倒台。

这样的反间谍案搞得政府的工作人员，尤其是有共产主义倾向的知识分子，还有美国拥护新政的人员个个人心惶惶。1948 年阿尔格·希斯（Alger Hiss，美国的一位政府官员、律师、美国住联合国的官员）受到美国《时报》（Times）的编辑维特克·钱伯斯（Wittaker Chambers）的告密，被美国众议院打击反美活动委员会（House Committee on un-American Activities）指控为苏联间谍，1950 年以提供伪证罪被判处 5 年的监禁。另一个案件也发生在 1950 年，美国逮捕了曾经参与曼哈顿计划的朱利亚斯（Julius）和另一名叫埃塞尔·罗森博格（Ethel Rosenberg）的女演员、共产主义者。和他们一块儿受审的还有埃塞尔的弟弟大卫·格林格拉斯（David Greenglass），哈利·哥德（Harry Gold）和一位德国科学家克劳斯·富敕（Klaus Fouchs）。像这样的怀疑、告密和揭发事件在 1950—

1956 年间使成千上万的美国人被指控为共产党或共产主义的同情者，轻则丢掉工作，重则被捕入狱。在麦卡锡主义时代许多人没有经过合法的审判程序、找不到犯罪证据而被判刑、处死等。这样的情况在杜鲁门和胡夫当政时期一直时断时续，搞得人们终日人心惶惶。① 芒福德曾经一度也受到怀疑。

在与苏联的冷战对峙阶段，芒福德看到自己牺牲亲生儿子而极力捍卫的美国的民主生活方式受到了严重的破坏而感到万分痛惜。这样的冷战如果继续下去只能加深国与国之间、人与人之间的互相猜疑和仇恨，美国的民主自由将不复存在。因此芒福德开始思考新的出路来解决目前的人类困境。他并没有像以前那样主张和苏联社会主义决战到底，反而采取了比较温和的态度，甚至提出跨越意识形态的差异，实现全人类的"兄弟般的"和平共处。芒福德通过对两次世界大战的深刻思考，认识到人类依靠互相仇恨、猜疑、妒忌、恐惧和军备竞赛，只能加深国与国之间、民族与民族之间的矛盾。

芒福德写道，"由于在过去的四十年间在国际事务中引入了恐惧、猜疑和仇恨，大部分的人类生活在自我封闭的、需要心里医治的虚幻之中。人类需要找回平衡的判断能力才能够阻止即将发生的灾难，并带来和平的条件。"芒福德主张冷战双方都应采取自我反省的方式，从整个人类出发进行自我审视。"我们每个人都应该把保卫人类的基本的人性当作自己的责任。"芒福德认为自 1945 年以来，美国人完全靠一种道德上的"麻木和惯性"通过发展原子和细菌武器对人类的生命不加区别的予以消灭。芒福德呼吁人们必须坚持"爱和理性"才能战胜仇恨和非理性。芒福德相信敌对双方都应有足够的信心相信"人类作为一个整体存在着理智和善意，这

---

① Robert D. Schulzinger, *U.S. Diplomacy Since 1900*, New York：Oxford University Press, 1998, pp.210-225.

种理智和善意可以把整个人类从心里仇恨和非理性的暴力中拯救出来。"

芒福德认为继续冷战的结果只能导致整个人类的毁灭。资本主义也好，共产主义也罢最后都将被战争消灭，最终没有赢家。"因为最终没有合理的人类目标，无论是自由还是团结，无论是资本主义还是共产主义，都将在疯狂的全面战争的结果中被消灭。"芒福德看到冷战的结果导致美国的政府进行了大规模的"整肃"，美国社会到处弥漫着"批评和异议，甚至正常的人为错误，也被当作叛国罪论处"。"整体的恐惧""通过大量制造吓人的武器被放大。"同样的情况也发生在苏联和中国。芒福德认为人们应该诉诸理性，放弃旧有仇恨和偏见，放弃意识形态的偏执，寻找新的思想和新的出路，制订新的计划。否则，"在这样以令人致残的暴力，这样不可平息的恐惧，这样野兽般的非人性为特征的无限蔓延的灾难过后，将没有和平可言。"因此，芒福德呼吁"人类兄弟们，让我们恢复理智像人一样行动吧。"① 芒福德的这篇文章发表于1950年的《共同理想》Common Cause，1954年收入《以理性的名义》一书。

芒福德在1947年就对原子和细菌战做出了各种假设和预测。文章的题目是《原子能的社会影响》发表在1947年3月的《空军事物》(Air Affair) 杂志上。芒福德在这篇文章中对原子战争作出了四种假设。芒福德的第一种假设，美国在其他国家还没有拥有相同的报复手段之前就针对某一个国家使用了原子弹，比如苏联。芒福德估计即使美国针对苏联的36个城市使用了原子弹，总共消灭了250万人口。但是苏联拒绝投降，他们会向亚洲和欧洲转移，把欧洲和亚欧作为他们的武器库和人员补充基地。欧洲和亚洲人就会团结起来"共同对付"扬基佬"帝国主义，这些"扬基佬"屠杀了250万名平民，显然是想把整个世界纳入他们的野蛮统

---

① Lewis Mumford, *In the Name of Sanity*, Greenwood Press, Publishers, Westport, 1954, pp.3-9.

治之下。"① 如果不能一下子把苏联制服，战争就会成为一种持久战，美国就需要一再征兵，美国的百姓就会埋怨政府，第一次乐意接受原子战的人就会对政府的言行产生怀疑。另外，使用这么邪恶的手段进行战争，就会把许多"人类之间的合作和理解彻底摧毁"，任何带来和平和秩序的希望在"几个世纪"将化为天方夜谭。

第二种假设，战争没有爆发，每个主要势力即美国和苏联都拥有很大数量的原子弹，假设美国的原子弹是苏联的好几倍。美国和苏联终止了外交关系，双方互不往来，经过一段时间的摩擦后，双方不宣而战。双方都有重大伤亡，对主要城市的攻击对双方的主要战斗力损伤不大，因为部队都隐藏在远离城市的地方。双方进入了持久战。美国的军队由于武器装备比较优良，比苏联的原本比较原始的装备消耗的快。各种各样的国际交流中断，工厂被摧毁，人们看到机器文明给人类带来的灾难，在没有受到战争威胁的"岛国文化"，人们把机器摧毁或闲置，主动过上原始的生活。好奇、创造和改进成了禁忌。人们又回到了原始的部落生活。②

第三种假设，原子战争没有爆发之前，世界上许多文明国家通过军备竞赛，大多拥有了核武器，非欧、亚洲、南美都拥有了原子弹或氢弹。由于怕敌对国家拥有核武器，科学的出版被当作超级机密，任何科学知识的传播中断。在这种情况下，秘密带来怀疑，怀疑变成胡乱的幻想和猜忌。虽然国际旅游中断，但是谣传共产党已经渗透到其他国家，甚至美国联邦调查局 FBI 内部也怀疑出现了间谍。"没有人相信他的邻居，不敢和他自由地交谈。""没有结果的研究被当作可能的叛国表现：那些涉及到的人被清除。失误、没有按时完成生产计划、口误都会导致

---

① Lewis Mumford, *In the Name of Sanity*, Greenwood Press, Publishers, Westport, 1954, p.13.

② Lewis Mumford, *In the Name of Sanity*, Greenwood Press, Publishers, Westport, 1954, pp.15-17.

被清除。"①

在这个战争一触即发、互相猜忌的年代，年轻人醉生梦死，得过且过，毫无理想和未来。自杀变成非常普遍的现象，尤其是负有重大责任的科学家和军事人员。在这个众多拥有核武器的国家，不知何时可能会出现新的希特勒之类的人物，他认为建立民族霸权的机会到了，首先发起了原子战争。战争很快蔓延成大范围的人类屠杀。在世界上核武储备还没有用完的情况之下，地球上的一大半的人类已经被消灭。由于放射性饱和度的原因，地球的气候发生了变化，蔬菜、动物、昆虫和细菌生命发生变异，食物供给不够剩余的人类消耗。饮用被放射性污染的水也导致大量人口死亡。"在一代人之内，人类将进入一个异常黑暗的年代，与之相比，以往人类历史上任何一个黑暗的年代，都会变成光辉耀眼的时代。"人类心里的创伤超过任何以往的恐惧。幸存的人们将压制自己的好奇心、机械技术、计算能力和心智的发展，变成一种只关注眼前的和具体的事物的、狡猾的动物。"这将是所有剩余的智人。通过消灭其他标志为人性的能力，他将变成一种智力仅存无几的动物。"②

第四种假设，核战争没有爆发，但是人们时刻生活在原子武器的威胁之下。人们为了躲避核战争，开始修建地下掩体，所有的工作和生活转入地下。由于长期处于战争的威胁之中，各国的政府完全沦落为军人独裁政权，任何的民主生活丧失殆尽。人们一切的生活、工作和教育都围绕着为战争做准备。有天才的年轻人从小就培养为研发战争武器的后备人选。人类的文学艺术及各种文明形式日渐枯萎。由于长期生活在地下，心理失调开始爆发。其表现形式为幻想狂、毫无目的的性乱交、吸毒、精神紧

---

① Lewis Mumford, *In the Name of Sanity*, Greenwood Press, Publishers, Westport, 1954, pp.20-21.

② Lewis Mumford, *In the Name of Sanity*, Greenwood Press, Publishers, Westport, 1954, pp.18-23.

张。人的本能冲动表现为普遍的妄想狂。怀疑、仇恨、好斗、不合作、凶杀性的暴力在社会生活的各个层面普遍发作。"言而简之，由纳粹精英表现出来的人格紊乱不仅将变得异常普遍，甚至，如有可能，将会被放大，但是最坏的施虐狂有时会像纳粹那样，被装扮成负责任的科学家用活的人体做科学实验。"芒福德最后总结道："没有哪个国家敢进行全面的原子弹攻击。和平统治着一切：僵硬的、死亡般的和平。"①

　　从以上的叙述我们可以看出芒福德考虑的不单单是美国的胜利，而是从整个人类文明的角度考虑了核战争可能给人类文明带来的各种各样的灾难。芒福德首先考虑的是核战争对世界人口的毁灭；其次考虑的是人们社会生活方式的改变，政治体制的改变（芒福德以牺牲儿子的生命捍卫的民主生活方式将在人类进行的核战中不复存在）；再其次考虑的是文学艺术等人类的高级文明形式的枯萎；芒福德还考虑到核战争对生态环境的破坏及对人们心里长期的负面影响。

　　芒福德这样的考虑难道是杞人忧天吗？在当时发表这些反对核战争的文章时确实有人对芒福德的观点嗤之以鼻。但是与芒福德同时代的美国著名科学家雷内·杜博斯（Rene Dubos）在授予芒福德"国家文学奖章"时，把芒福德描述为"既是一个失望的乐观主义者，又是一个真正的乌托邦主义者，因为他坚信如果人类能够全面的审视技术，人类将能够抛下技术的枷锁。""具有讽刺意味的是"，雷内·杜博斯补充说，"那些完全相信技术的人，那些认为自己是乐观主义者的人们，正在实现着这个令人忧郁的预言，而不是芒福德。"②

---

① Lewis Mumford, *In the Name of Sanity*, Greenwood Press, Publishers, Westport, 1954, pp.23-31.

② Thomas P. Hughes & Agatha C. Hughes, *Lewis Mumford: Public Intellectual*, Oxford University Press, New York, 1990, p.342.

三、芒福德的"世界政府"构想

在这篇文章的结尾芒福德明确概括了人类文明的定义。"什么是文明？文明就是一部分人类抛下僵硬的、停滞的部落社会，增加人类的合作、交流和共享，创造一个人性和社会可持续发展的共同的工具的一个过程。文明基础存在于这样一个事实，那就是我们完全用于身体生存的能量达到一个临界点，使其他剩余的能量能够用于人类的更高功能：这种功能主宰着人类的生存环境，自由地改变了人类的生活方式，创造了物品和价值、目的和意义。简而言之，这种文明是创造一种使所有人能够在更大的空间和时间范围内共享的共同的社会遗产。人类首先在孤立的和受限制的人群中实现了生存。文明是创造一个世界和一个人类的永恒的过程。"[①]

从这段话里我们可以看到芒福德把人类看成一个整体，现在的国家界限只不过是人类发展史上的一个阶段。文明的最终目标就是创造一个人类的世界。现代文明程度比较高的国家应该把它所创造的文明成果与其它相对落后的国家和民族共享。而不是凭借先进的武器恐吓和征服其他的弱小国家和民族。人比其他动物的高明之处在于，他不但能够制造物品，还能够创造超越物质文明的精神价值和意义。芒福德的这一思想其实早在20世纪的30年代写作《技术与文明》时就基本定型。[②]

基于这一全球一体化思想，芒福德对20世纪40—50年代的美苏冷战始终持批判的态度。对可能造成人类毁灭的原子武器更是不可容忍。所以

---

① Lewis Mumford, *In the Name of Sanity*, Greenwood Press, Publishers, Westport, 1954, pp.31-32.

② 关于这一思想的阐述可以参考 Shuxue Li, *Lewis Mumford：Critic of Culture and Civilization*, Oxford：Peter Lang, 2009.

芒福德在另一篇《奇迹和灾难》（发表于 1948 年 7 月的《空军事物》（Air Affairs）呼吁美苏双方举行休战谈判，开诚布公地召集各国的原子物理学家、化学家、细菌学家、生物学家、遗传学家和生态学家等对当时美国和苏联所拥有的核武器进行评估，对使用这些核武器对整个人类可能造成的灾难进行预后，从而为美苏双方的领导人决策提供依据。芒福德甚至建议建立比当时联合国职能更高的"世界政府"，管理和协调全球事务。芒福德建议敌对双方都要从全人类的角度出发，双方都要做出必要的让步。"一旦这些评估揭晓，我们就可以依靠这些证据使每一个政府和人民改变他们原来的想法和打算，这种改变可以根除他们僵化的思想，平静他们的敌意，加速他们的合作过程。"芒福德进一步预言"这个评估（即对原子武器的毁灭性的评估）可能给人类带来灭绝的国际会议将会关闭所有的门，只留下一扇门通向世界政府。"①

芒福德建议把当时只是作为"独立主权国家联盟"的联合国组织，改造成一个"高效运作"的"全面的世界政府体系"。"要做到这一点，每个国家必须在涉及全人类共同关心的问题时放弃部分主权和主动权：尤其是把发动战争的权力，交给能够建立公正、和平、高效的（世界性）中央权威政府。没有这些保护少数弱小民族，平均负担，消除委屈的附加性条款，将没有任何压制武器的有效方法和实现永久和平的可能性。"除此之外，芒福德还建议建立一个完全"开放的世界"，实现"人员、物资、和思想的跨越任何国界的自由流动"，创立一个"监察部队"监督任何形式的"重整军备和种族灭绝"。在这样的世界政府建立之前，美国应拿出诚心和善意，停止制造原子弹和其他灭绝性武器。只要苏联表现出愿意接受通过民主程序建立世界政府，美国就应该拆除原子弹、销毁生物武器，放

---

① Lewis Mumford, *In the Name of Sanity*, Greenwood Press, Publishers, Westport, 1954, pp.88-89.

弃进一步制造核武器。只有这样才能消除苏联的怀疑和敌意，增强实质性合作的可能性。针对苏联当时对达达尼尔海峡的控制要求，芒福德建议把所有的国际性的海峡和运河交由联合国控制。芒福德还建议对世界能源和资源实行配给制，建立世界原子能控制机构，甚至世界能源控制机构。

芒福德呼吁美国的政治家拿出"智慧、想象力和胆识"能够把世界合作当作首要的目标，建立"后帝国主义经济"，改变"单向的恃强凌弱的"世界经济格局，实现"各个国家的合作联邦"，"共同享有富足"，放弃"国家垄断"、"专用的剥削权力"和"暂时对利益的追求"，考虑"人类的福祉"，实现经济上的"人类的兄弟会"。

芒福德认为要想解除和苏联的对峙局面，必须寻找双方的理想中共同的东西，单纯的遏制共产主义，或把苏联排斥在"大团结体系"之外，要建成"有效的世界政府"是不可能的。共产主义和资本主义不可能在世界政府的体系中独立存在，两种意识形态必须互相借鉴，苏联必须接受"西方的民主"，西方必须放弃"（经济上的）特权和优势"接受"经济平等"。芒福德认为实现"进步的各个国家间的财富平等"是实现"世界政府的基本保证之一"。芒福德认为美国牺牲一些经济利益，承担一些国际负担，比起第三次世界大战的费用简直是"西班牙小币"。芒福德打了一个通俗的比方，"如果我们的房子可能被烧掉，再贵的保险金也比重建的费用便宜许多。"①

从以上分析我们可以看出，芒福德早在研究西方技术发展史和西方城市史时，以及面对第二次世界大战和美苏冷战对峙时期，就把整个人类的和平共处、和平发展、避免战争、实现共同富足作为看问题和写作的出发点。芒福德全球一体化观点大致可以概括为以下几点。第一，各个国家的政治家要树立一个地球、一个人类的整体观念，超越单纯的民族国家和

---

① Lewis Mumford, *In the Name of Sanity*, Greenwood Press, Publishers, Westport, 1954, pp.89-94.

主权国家概念。第二，在经济方面，富足的国家要放弃一味追求经济上的特权和优势，牺牲部分利益，帮助贫穷的国家和民族实现全人类的共同富裕和经济资源的全球互补。第三，建立超越联合国职权的全球化的世界政府体系，按照联邦制的管理形式，建立"世界政府"。在世界政府内部，实行民主管理，各个主权国家都要放弃部分权利，维护世界和平和发展。第四，建立"监察部队"，"原子能监察机构"（世界原子能机构现已建立）等控制原子武器（核武器）的生产，避免各国发展和研制核武器，造成毁灭整个人类的大灾难。

在思想方面，芒福德极力反对法西斯主义，维护西方民主生活方式。但在冷战时期，又极力主张美国放弃核武威胁，建议和苏联进行坦诚的谈判，主张放弃僵死的教条，找到资本主义和共产主义中的共同的人类思想，实现意识形态领域的相互理解和相互补充。虽然芒福德不愿放弃西方的民主，极力反对法西斯暴政和独裁，但他并不认为西方选举式民主是最理想的政治体制。他认为西方民主也有必要进行改进。虽然芒福德的全球一体化思想是在特定的历史时期提出来的，但对于我们现在的全球一体化过程仍然具有很强的指导意义和现实意义。

总之，全球一体化绝不意味着只是先进的国家凭借技术上、资本上的优势，对弱小的国家和民族进行新一轮的经济掠夺，把这些弱小的国家当作廉价的劳动力市场，原料产地和产品销售市场。也不意味着把污染严重的工业搬到第三世界国家，毫不顾忌这些国家的环境污染和环境治理。全球一体化需要建立一种公平公正的民主机制，富足的国家应该负起责任，贡献出部分财富，引领其他经济落后的国家发展，同时也要考虑这些落后、弱小国家的环境破坏，从获得的利润中拿出部分资金，像治理自己国家的环境污染一样，治理这些国家的环境污染。正像芒福德所说的那样，把全人类当作"兄弟"，实现国际大家庭的经济、科技、政治、文化、艺术等领域的共同繁荣和进步。

第九章
芒福德及其他西方学者
眼中的东方文明

　　近代西方的科学和技术的长足发展使得东方文明显得异常落后。然而，在 17 世纪西方资本主义工业实现机械化以前，东方文明一直占据着世界的领先地位。芒福德在其一系列的著作中，在论述西方城市发展和科学技术发展的历史时，一直把东方文明，特别是中华文明作为参照物来论述西方文明的畸形发展。芒福德认为西方文明单纯的对技术和机器的片面追求和发展，导致了西方社会被严重的机械化和官僚化。本章主要研究芒福德及其后来的李约瑟等西方学者对东方文明，尤其是中华文明的看法。通过了解西方学者对中华文明的解读和看法，可以更好地了解我们祖国的科学技术发展的历史，了解中化文明对世界文明的贡献及在世界文明中的地位和作用，了解我们的先祖给我们留下的宝贵的文化遗产，增强我们的民族自信心和荣耀感，克服民族自卑心理和民族虚无主义的弊端，从而使我们的年轻一代能够重视自己的民族文化，树立民族自信心。同时，通过这种对比研究也可以使我们对芒福德的思想和贡献有一个更加清楚地认识。

一、芒福德眼中的东方文明

芒福德首先是研究西方城市和技术史的专家，不是西方的东方学教授，所以他对东方文明没有专门的研究，也没有写过一篇关于中国文明或东方文明的著作。但是芒福德看过一些东方学的书籍。在他主要批判西方技术过度发展的一系列著作中，芒福德始终把东方文明作为其参照物。不时地提到"中国文明"，"孔子"、"老子"、"墨子"等中国古代思想家和"秦始皇"、"忽必烈"等专制暴政的中国皇帝，以及"焚书坑儒"这样丑恶残暴的历史事件。因此，我们了解芒福德对中华文明的看法主要是从他的著作中对中华文明的简单评论中提炼出来的。芒福德对中华文明的看法主要是持肯定的态度的，认为中华文明是科技文明和社会文明平衡发展的典范。

在欧洲的中世纪时期，中国在许多科学和技术方面都比西方先进。芒福德承认火药的发明是中国人，承认东方文明在火药的使用方面要比西方早几个世纪，到 14 世纪传入欧洲。[①]芒福德在这里看到了技术与政治之间的关系，认为枪炮的使用对于维护封建专制和中央集权起到了积极的作用，加强了国王的专制统治和权力，"然而，在某种意义上说来，14 世纪初引进的火药，敲响了自由城市的丧钟，在那个世纪里动摇了如此多的中世纪的机构和制度。"芒福德虽然在这段话中没有明确说明火药技术的引进来自中国，但至少承认火药不是西方人发明的，而是来自与西方文明

---

① Lewis Mumford, *Technics and Civilization*, George Routledge & Sons, LTD., 1934, p.87；路易斯·芒福德：《技术与文明》，中国建筑工程出版社 2009 年版，第 84 页。

存在巨大差异的一种东方文明。①

如果说中国的火药、造纸、印刷和指南针（磁针）是中国古代文明对世界文明发展的重大贡献，这一史实是公认的众所周知的知识，这些技术通过阿拉伯世界慢慢传入西方，②那么中国在公元前200年就发明了"扼"，而西欧在10世纪左右才使用，③恐怕是很多中国人不知道的，更不用说西方人。众所周知，英国通过17世纪的工业革命成为老牌帝国主义国家，是技术上比我们先进许多的国家，但人们未必知道英国在10世纪左右还是一个落后的欧洲小岛国。④

大家可能知道中国是最早发明纸和印刷术的国家，中国瓷器的发明和使用也是世界最早的。芒福德不仅知道中国文明在这些方面对世界文明的贡献，而且在《技术与文明》一书中充分肯定了这些贡献。⑤并且承认中国的瓷器在18世纪代替了西方的陶器，⑥承认英国在中世纪还是一个落后的小岛国，直到18世纪才在旧技术时代取得巨大进步。英国的落后相反帮助它在旧技术时代建立起自己的领导地位。⑦芒福德还承认中国远在公元前320年就知道使用煤烧制瓷器，并已使用天然气做照明。但芒福德

---

① 路易斯·芒福德：《城市发展史》，中国建筑工程出版社2009年版，第375页。

② Lewis Mumford, *Technics and Civilization*, George Routledge & Sons, LTD., 1934, p.108.

③ Lewis Mumford, *Technics and Civilization*, George Routledge & Sons, LTD., 1934, p.113.

④ Lewis Mumford, *Technics and Civilization*, George Routledge & Sons, LTD., 1934, p.114.

⑤ Lewis Mumford, *Technics and Civilization*, George Routledge & Sons, LTD., 1934, p.134.

⑥ Lewis Mumford, *Technics and Civilization*, George Routledge & Sons, LTD., 1934, p.149.

⑦ Lewis Mumford, *Technics and Civilization*, George Routledge & Sons, LTD., 1934, p.153.

同时指出煤是一种可枯竭的资源，一种不能再生的能源。①

芒福德认为中国在公元前 1000 年以前就有从普遍矿石中提炼铁的记录，中国是最早使用铁链和铁绳的国家。② 如果我们把芒福德的这些支离破碎的对中国科技文明的了解和西方专门研究中国科技史的李约瑟等人进行比较（此章的后半部分着重介绍李约瑟等汉学家对中华文明的看法），就可以发现其实芒福德对中国文明的理解还是比较准确的。

在健康和养生方面，芒福德认为中国人很早就知道太阳光对人体健康的作用，但是西方人对太阳光对人体健康作用的了解比中国文明晚几个世纪。西方的开普勒虽然早在 16 世纪就知道了太阳光对人体健康的作用，到 19 世纪新技术时代，西方人对这一知识有了重新的认识。芒福德写道，"在这些革命性的科学发展之初，开普勒对之特别珍贵的太阳崇拜又出现了。裸体太阳浴被发现有助于预防佝偻病和治疗肺结核，太阳光直射可以净化水和总体上降低环境中的病原菌数量。"但是在旧技术时代，西方人为了金钱和利润，完全忽视了太阳光的作用。"用这些新的知识，建立在对巴斯德的发现支持的生物有机体的重新研究上，旧技术时代基本上反生命性质的环境变得明显了——矿井、工厂和贫民窟典型的黑暗、潮湿是细菌滋生的理想环境，与此同时，它的反生命的食谱导致了糟糕的骨骼发育、不健全的牙齿和降低了对疾病的抵抗力。"③ 这充分显示出中国的先民是具有敏锐观察力和善于发现自然现象和人体关系的民族。

在生活卫生方面，芒福德认为最早的抽水马桶是英国人发明的，但

---

① Lewis Mumford, *Technics and Civilization*, George Routledge & Sons, LTD., 1934, pp.157-157.

② Lewis Mumford, *Technics and Civilization*, George Routledge & Sons, LTD., 1934, pp.165-166.

③ Lewis Mumford, *Technics and Civilization*, George Routledge & Sons, LTD., 1934, p.220.

手纸的使用最早来源于中国文明。芒福德谈到 1596 年英国贵族约翰·哈灵顿爵士（Sir John Herrington）发明的抽水马桶，从而大大改进了厕所卫生。但是欧洲人用的手纸是从中国文明中引进的。芒福德写道："伴随着前技术时代的水冲马桶装置的出现也随时出现了直接来自中国的习俗，即手纸的使用。这种手纸的使用对家庭的卫生来讲比起差不多同时代引进的壁纸更重要。"①

在农业方面，芒福德认为中国的农业精耕细作。中国农业在古代也是非常先进的。中国古代就知道用豆类植物的根节固定土壤中的氮元素，美国人到 19 世纪才知道。

就土壤来讲，新技术时代②产生了一些重要的保守的变化。第一是再次使用人类粪便作为肥料，而不是把它们排入河流和大海污染这些水域，浪费这些宝贵的含氮的化合物。……第二个重要的进步是固氮技术。……但是同等重要的新技术是发现某些植物像豆角、苜蓿和大豆的根瘤具有产生氮的细菌，有些植物已经被古罗马人和中国人用来进行土壤更新，但是现在它们的特殊的固氮作用的确得到了证实。③

芒福德在谈到 14 世纪意大利由于农业的进步，人口不断增加时，再次提到发达的东方文明。"人口增加这一情况并不仅仅限于当时新开发的欧洲北方地区。意大利也实现了内容相同的农业进步，她的人口在 14 世纪也上升到至少 1000 万人。由于古代基础较好，又靠近较发达的东方文明，意大利自然成为城市复兴运动的首领。"④ 由此可见，东方的农业在 14

① Lewis Mumford, *The Culture of Cities*, Secker & Warburg, 1938, p.119.

② 芒福德所说的新技术时代主要是以电为清洁能源的一系列新发明如电池、发电机、发动机、电灯源等即以节能环保为原则的技术发展阶段，时间上应该从 1832 年福内朗对水轮机的完善为起点至现在。

③ Lewis Mumford, *Technics and Civilization*, George Routledge & Sons, LTD., 1934, p.228.

④ 路易斯·芒福德：《城市发展史》，中国建筑工程出版社 2005 年版，第 278 页。

世纪以前较之西方更为发达，并且，古代农业技术的西传是一个很长的历史过程①。

在治理国家方面，芒福德认为中国国王可以做到恩威并使，一张一弛。在谈到欧洲的城市发展过程中，芒福德谈到国王在施政时恩威并举，"将统治和谅解相结合，将决断和自由意志相结合。"为了使西方读者更好地理解这一点，芒福德引用了中国哲学家孟子的话。"以力服人者，非心服也，力不瞻也。以德服人者，中心悦而诚服也。"芒福德进一步解释道，"这其中的'德'既是城市及其神灵所创造的东西，而且这也正是王权制度本身所实现的伟大业绩的主要根源。"②芒福德在这里对"德"的理解与我们中华文明中的"德"的含义虽然有一定的偏差，但他对西方政治家向东方的统治者学习这一事实是承认的。

芒福德在谈到古代城市的城墙是城市最显著的特征之一时，又一次提到了中国。"但直到 18 世纪，在大多数国家中，城墙仍旧是城市最显著的标志之一，这却是个事实——主要例外是古代的埃及、日本和英国，这些国家以一些自然屏障在一定时期使某城镇和村庄获得集体性的安全；还有一些国度，如罗马帝国和中华帝国，则以一只庞大的戍边军队或一道很大很长的，跨越边境的石墙代替了各地的城墙。"③

在礼仪方面，芒福德认为中国是一个注重礼仪的国家，人与人之间的和平相处是维系社会和谐，增加社会生产率的重要手段。在谈到巴洛克

①　关于这一点许卓云也证实中国新石器时期文化遗址中就出现了耜、铲、锄、镰一类的农具，这些农具在遗址中随处可见，在欧洲，却要等到西亚文化的因素经过移民带入欧洲。见许倬云：《许倬云说历史：中西文明的对照》，浙江人民出版社 2013 年版，第 12 页。潘吉星也证实中国的龙骨水车、犁 17 世纪才传入欧洲，耧车的传入时间甚至更晚。见潘吉星：《中外科学技术交流史论》，中国社会科学出版社 2012 年版，第 361—380 页。

②　路易斯·芒福德：《城市发展史》，中国建筑工程出版社 2005 年版，第 75 页。

③　路易斯·芒福德：《城市发展史》，中国建筑工程出版社 2005 年版，第 69 页。

式的宫廷生活的礼仪时提到了中国的宫廷礼仪对西方的影响。芒福德说道:"它(西方宫廷)的好的方面是,风俗礼貌的大有改进,变得彬彬有礼,举止优雅,这也许与日益了解中国文明中文雅完美的礼仪礼貌不无关系。"①

芒福德不仅认为中国的礼仪对欧洲的宫廷生活产生了一定的影响,而且认为礼仪是处理人与人之间关系的重要桥梁,可以减少人与人之间的相互矛盾和摩擦。尤其在现代工业化生产中增加效率,减少人力资源浪费起到了重要的作用。芒福德说:"从大学到工厂等一系列社会机构所带来的协调与合作大大增加了社会所能利用的有效能量。这里的能量绝不仅仅指物质资源,也包括了这些资源在社会中和谐高效地利用。例如,中国人一直注重培养的礼仪,它在提高效率方面也可能与经济地利用燃料起着同样重要的作用。这一点即使是单纯用工作效率来衡量也能够体现出来。"②

芒福德在探究西方文明逐渐变成机械文明的过程中,提出了为什么中国文明、阿拉伯文明和印度文明没有变成类似于西方的机械文明呢?芒福德认为西方文明在技术发展方面一次又一次地超过任何一个文明,而在艺术方面却一次又一次被东方文明超过。芒福德对中国文明和印度文明的整体协调发展,始终使技术或机器处于一种人类可以控制的地位,技术和艺术平衡地发展大加赞赏。③ 芒福德是一个注重人的精神世界和艺术修养的思想家。芒福德对西方文明在技术单方面的过度发展,尤其是资本主义对利润的过度追求持完全批判的态度,因此对东方文明和其他文明全面平

---

① Lewis Mumford, *The Culture of Cities*, Secker & Warburg, 1938, p.114.

② Lewis Mumford, *Technics and Civilization*, New York: Harcourt, Brace and Company, 1934, p.139;路易斯·芒福德:《技术与文明》,中国建筑工程出版社2009年版,第127页。

③ Lewis Mumford, *Technics and Civilization*, George Routledge & Sons, LTD., 1934, pp.64-65;路易斯·芒福德:《技术与文明》,中国建筑工程出版社2009年版,第64—65页。

衡的发展模式始终持肯定的态度。为了矫正西方文明的这一发展趋势，芒福德不仅从其他文明中寻找可资借鉴的先例，芒福德还专门研究了人类的发展历史，从人类考古学发现中寻找人类对艺术的追求早于对技术的追求的证据。①

二、李约瑟、谭普尔眼中的中国文明

如果说芒福德在他的一系列有关技术与文明和城市发展史的著作中不止一次地提到中国古代的科学和技术在很多方面比西方先进，且形成了比较协调的社会发展模式，把中国文明当成了现代西方机器文明的对照物或参照物，如前文所说，芒福德从来没有对中国科技文明进行过专题的研究。但是，从他多次在不同的著作中提到中国文明来看，他对中国古代文明还是相当了解的。对中国的科学和技术进行专题研究的西方学者是英国皇家科学院院士李约瑟博士（Dr. Joseph Needham）。李约瑟博士原来本是英国剑桥大学一位小有名气的年轻的生物化学教授。

李约瑟博士怎样由一名生化系教授转变为一名汉学家，还有一段有趣的故事。1937 年，37 岁的李约瑟博士在剑桥大学遇到了几个中国留学生并和他们交上了朋友。其中有一位女生叫鲁桂珍，来自南京。② 在闲谈

①　Lewis Mumford, *Pentagon of Power I：Technics and Human Development*, Harcourt, Brace &World, INC. New York；路易斯·芒福德：《技术与文明》，中国建筑工程出版社 2009 年版，第 66 页。

②　鲁桂珍：1904—1991，中国科学技术史专家、营养学博士，祖籍湖北蕲春，其父鲁茂庭为药剂师。她早年在金陵女子大学学生理学，后在上海一家医学研究所专攻生物化学。1936 年前往剑桥大学生物化学实验室攻读博士学位。后供职于巴黎联合国教科文组织秘书处。一直是李约瑟博士的助手和合作者，晚年与李约瑟结为伉俪。

中李约瑟博士说科学技术主要起源于西方，中国对世界科学技术的发展没有什么贡献。鲁桂珍对李约瑟博士的论点提出了质疑，并且拿出了很多的证据证明许多科技发明最早起源于中国。李约瑟博士起初并不相信，因为当时，包括现在大多数的西方人，都认为西方是科学技术的发源地。李约瑟博士对鲁桂珍等中国学生翻译成英文的中国古代文献进行了仔细地研究后发现，所谓好多现代西方的科学和技术在很多方面受到了中国古代科技的影响。这一发现完全颠覆的很多西方人的固有的偏见。

李约瑟博士从此对中国古代科技产生了浓厚的兴趣，开始学习汉语，1942 年作为英国住重庆大使馆科学参事。李约瑟在中国住了好多年，精通了中国语言，遍游中国，结识了许多中国的科技人员，积累了大量的关于中国古代科技的图书资料。这些资料被英国皇家空军空运回英国，形成了现在剑桥大学李约瑟研究院图书馆。这个图书馆是当今世界上除了中国之外的有关中国古代科学、技术和医药方面的最好的图书馆。1946 年李约瑟博士建议伦敦中国学会"现在特别需要的是一本有关中国科学技术史的书，特别是能够同时反映中国的社会和经济生活背景的书。这本书并不一定是学术的，但是要对普通的思想史产生广泛的影响。"①

回到剑桥后，李约瑟博士在很多中国助手（鲁桂珍、王静宁、罗荣邦、钱存训、黄仁宇、何丙郁、屈志仁等）的帮助下，开始撰写《中国科学与文明》一书。此书是一本多卷本的宏浩巨著，李约瑟本打算写 20 卷，到 1986 年才出版了 13 卷。不容否认此书恐怕是迄今为止西方学术界最权威的有关中国古代科技和医学的著作。

在李约瑟之前，西方的汉学家根本不知道中国古代还有如此先进的科学和技术，所以这本书出版之前，西方人普遍认为中国自古就是一个相

---

① Robert Temple, *The Genius of China: 3000 Years of Science, Discovery, and Invention*, New York: Simon and Schuster, 1986, p.10.

当落后的国家。包括当时剑桥大学研究科技史的专家大都认为现代科技始于欧洲，因此"古代和中世纪的有趣的科技成就当然是欧洲的"。"这种昭然的不当推论"在 20 世纪 80 年代的西方学术界还占据着统治地位。尽管在李约瑟之前，美国著名的技术史学家林怀特（Lynn White）已经多次证明传统欧洲在发现和发明方面受到了古代东方世界的恩惠。但是李约瑟在林怀特的研究基础之上进一步肯定了这一观点，完全颠覆了西方世界对中国文明的传统偏见，在西方学术界掀起了轩然大波。①

李约瑟在这些助手（不同领域的专家们）的帮助下，搜集了各种科学门类的中国历代文献著作，包括技术和医学，然后把中国不同时期的科技和医学成就与欧洲、伊斯兰、印度和波斯等文明在同一时期的科技成就进行比较。然后得出究竟是那个文明借鉴了那个文明，以及是什么因素促进或抑制了不同文明之间的相互交流。例如，中国古代求长生不老的思想首先传到阿拉伯，然后由阿拉伯传到拜占庭，再由拜占庭传到拉丁语系国家（在 Roger Bacon（1214—1294）时期），从而导致西方现代整个化学医药的发展。②

为了能使李约瑟博士的《中国科学与文明》一书的主要内容使西方的普通读者了解，另一位西方学者罗伯特·谭普尔（R. K. G. Temple）编写了一本《中国天才：三千年科学、发现和发明》的普及读物，并配有大量的插图和照片。谭博在此书的序言中毫无讳言地承认西方在两个世纪以前许多方面都落后于中国。这本书的序言的题目就是"西方对中国的债务"。谭普尔这样写道："我们认为西方的农业在使用土地生长实物方面达到了可能的高峰。但是我们应该牢记这样一种令人惊讶和惶恐不安的事

①　Joseph Needham, *Science in Traditional China*, Harvard University Press, Cambridge：1981, introduction, p.7.

②　Joseph Needham, *Science in Traditional China*, Harvard University Press, Cambridge：1981, introduction, p.6.

实，即为工业革命打下了基础的欧洲的农业革命，是由于引进了中国的思想和发明才得以实现的。分排种植、集中除草、'现代'的种子条播技术、铁犁、耙、高效的扼具都是从中国引进的。没有从中国引进扼具之前，西方人把绳子缠在牲口的脖子上几乎把牲口窒息。"①

谭普尔在他的这本为一般西方读者撰写的普及性读物的扉页做了一张有关中国的发明创造和发现被西方采用和承认的时间表。在这张表中谭普尔列举了总共 107 项中国的发明创造早于西方，其中农业 5 项，天文和制图学 5 项，工程学 18 项，生活和工业技术 21 项，医药和健康 7 项，数学 8 项，磁学 4 项，物理科学 7 项，交通和探索 15 项，声音和音乐 5 项，战争 12 项。

关于这些先进的发明和创造，中国的许多普通读者可能除了知道火药、指南针、造纸和活字印刷四项发明领先世界以外，对其他 103 项可能知者甚少。因此，我将在这里不厌其烦地把这些由西方学者研究出来的现成的成果一一列举出来。首先农业方面陇排种植、锄草、铁犁等领先西方 2200 年；马扼领先西方 1000 年，挽绳 500 年；旋转簸谷机早 2000 年，多管播种机早 1800 年。

在天文和制图方面，发现太阳黑子为天文现象比西方早 2000 年，量化制图早 800 年，发现太阳风早 1400 年，墨卡托投影地图早 600 年，赤道天文仪器早 600 年。

在工程方面，铸铁技术早 1700 年，双作用的活塞风箱（空气式早 1900 年，液体式早 2100 年），手摇曲柄早 1100 年，平衡环早 1100 年，从铸铁中制造钢早 2000 年，深钻开采天然气早 1900 年，皮带传动早 1400 年，水能利用早 1200 年，链泵（用链操作的抽水机）早 1400 年，

---

① Robert Temple, *The Genius of China: 3000 Years of Science, Discovery, and Invention*, New York: Simon and Schuster, 1986, p.11.

吊桥早 1800 年或 2200 年，第一个自动控制的机器早 1600 年或 3000 年，蒸汽机的基本原理早 1200 年，魔镜早 1500 年，西门子炼钢法早 1300 年，多空拱桥早 500 年，链条驱动早 800 年，水下打捞技术早 800 年。此外，喷碗和驻波技术在西方永远没有被掌握和采用。

在家庭生活和工业技术方面，漆器（第一种塑料）早 3200 年，米酒技术到现在西方还没有掌握，石油和天然气燃料早 2300 年，造纸早 1400 年，独轮手推车早 1300 年，卡尺早 1700 年，魔术灯笼（走马灯）早 1800 年，钓鱼线轴早 1400 年，马镫早 300 年，瓷器早 1700 年，用自然生物控制虫害技术早 1600 年，雨伞 1200 年，火柴早 1000 年，围棋早 500 年，（白兰地和威士忌）酿酒技术早 500 年，机械钟表早 585 年，木刻版印刷早 700 年，活字印刷早 400 年，纸牌早 500 年，纸币早 850 年，永明灯西方永远没有掌握，纺车早 200 年。

在医药和健康方面，知道人体血液的循环比西方早 1800 年，发现人体内的昼夜节律比西方早 2150 年，内分泌学早 2150 年，知道营养缺乏病早 1600 年，通过尿液发现糖尿病早 1000 年。使用甲状腺激素早 1250 年，免疫学（通过接种疫苗预防天花）早 800 年。

在数学方面，中国的十进制比西方早 2300 年，发现 0 的位置早 1400 年，负数早 1700 年，高级根的开方和高级数字方程的解早 600 年，发现小数早 1600 年，在几何中使用代数早 1000 年，圆周率的精确值早 1200 年，帕斯卡三角形二项式系数早 427 年。

在电磁学方面，首先创造了罗盘，比西方早 1500 年，日晷和指针装置早 1200 年，知道地球磁场的磁衰减早 600 年，剩磁感应早 600 年。

在物理学方面，地质植物勘探比西方早 2100 年，首先发现运动的规律早 1300 年（比牛顿定律早 2000 年），发现雪花的六角结构比西方早 1800 年，地震仪早 1400 年，发现自燃现象早 1500 年，"现代"地质学早 1500 年，磷光漆技术早 700 年。

在交通和探险方面，风筝比西方早 2000 年，风筝载人飞行早 1650 年，首先使用地形图，比西方早 1600 年，开凿运河早 1900 年，降落伞早 2000 年，微型热气球早 1400 年，船舵早 1100 年，桅杆和船帆，其中板条帆和交错的桅杆西方从来没有过，多桅杆前后帆比西方早 1200 年，下风帆比西方早 800 年，密封船舱早 1700 年，直升机的旋转器和螺旋桨早 1500 年，脚踏轮船早 1000 年，陆地帆车早 1050 年，运河的塘锁早 400 年。

在声音和音乐方面，大编钟比西方早 2500 年，调谐鼓西方根本就没有过，气密密封的实验室比西方早 2000 年，对音色的理解比西方早 1600 年，音乐中的二平均律早 50 年。

在战争方面，化学战（有毒气体、烟雾弹和催泪气体）比西方早 2300 年，弩弓比西方早 2300 年，火焰喷射器早 1000 年，烟火和鞭炮早 250 年，软炸弹和手榴弹早 400 年，金属壳炸弹早 246 年，地雷早 126 年，水雷早 200 年，火箭早 200 年，多级火箭早 600 年，枪、炮和迫击炮比西方早 450 年。①

从以上列举的一系列的发明和创造我们可以看出，在许多领域中华文明比西方文明大致要早 1000—2000 年左右。我们中华民族的先人们并不比西方人愚笨，恰恰相反在很多方面我们对自然和天文现象的观察、我们的粮食生产和酿酒技术、我们对人体的了解和健康知识的掌握、我们对自然规律的掌握和利用、我们的架桥筑路技术、我们的航天航空技术、我们的航海技术、我们对方向的掌握和对空间的探索、我们对音乐的欣赏和消遣娱乐的追求等等，都显示出我们中华民族的灵巧和智慧。但是我们也应该看到我们所领先的领域大部分在生产和生活领域，我们在战争和武器方面并不比西方领先多少，因此当西方经过 18 世纪的工业革命以后，很

① Robert Temple, *The Genius of China: 3000 Years of Science, Discovery, and Invention*, New York: Simon and Schuster, 1986, p.11. See front page and end page of the book.

快凭借着工业革命的基础，在战争武器各个方面都超过了我们。但是从另一方面也可以证明我们中华民族是一个勤劳、善良、爱好和平的民族。

谭普尔也不无感慨地总结道："一个最大的没有讲述的历史秘密就是，我们所生活的'现代世界'是综合了中国和西方元素的世界。也许'现代世界'赖以存在的基础一半以上的基础的发明和发现来自中国。然而，很少有人知道这个秘密。为什么？"谭普尔对此感到困惑不解。"关于这个事实中国人自己像西方人一样也浑然不知。从17世纪开始中国人对他们自己的成就经历过一段记忆遗失以后，被来自欧洲的专业技术知识弄得眼花缭乱。当耶稣会传教士拿着一只机械钟给他们看时，他们感到无比的惊讶。殊不知是他们首先发明了机械钟。"

谭普尔认为没有来自中国的航海技术（船舵、指南针、多桅帆船），欧洲的旅行大发现是不可能发生的。哥伦布也到不了美洲，欧洲也不可能建立起庞大的殖民帝国。谭普尔进一步明确提出"不是约翰·古登堡发明了活字印刷，活字印刷是在中国发明的。威廉·哈维（William Harvey）并没有发现人体内的血液循环，血液循环是在中国被发现或者被假设的。艾萨克·牛顿并不是第一个发现牛顿第一运动定律的人，第一运动定律是在中国被发现的。"①

谭普尔进一步揭示了为什么这一事实无人知晓的原因，第一是原来的发明者和创造者没有声明自己的发明和创造，第二是因为中国人自己对自己祖先的发明和创造集体遗忘了，他们的后代继承者也懒得去为他们的祖先索要名誉。第三个原因是西方人自己未必愿意了解这一事实，因为对西方人来讲，相信自己在没有人帮助的情况下通过自己的努力达到了现在的科技地位，并认为自己是所有能力和所有技巧的大师，更能满足自己的

---

① Robert Temple, *The Genius of China: 3000 Years of Science, Discovery, and Invention*, New York: Simon and Schuster, 1986, p.9.

自尊心。

谭普尔继续说道，"的确，直到两个世纪以前，与中国的农业相比，西方还异常落后。西方当时是不发达世界，而中国却是发达世界。"谭普尔感叹道："（现在）情况颠倒了过来，但是能持续多长时间呢？"①

下一个问题我们可能会问，芒福德、李约瑟和谭普尔这些西方学者的结论可信吗？他们通过怎样的研究得出如此的结论？其他西方学者承认他们的结论吗？

下面我们就以李约瑟对中国古代的针灸文化的研究为例来说明西方人对中国文化的认识方法以及与西方医学的对比和由此得出的结论。因为他的听众或读者都是西方人，所以李约瑟在谈论中国的针灸时首先对针灸作了大致的定义。"针刺可以广义的定义为把很细的针以不同的深度植入人体皮肤的各种部位——这些部位是以一种高度系统化的模式排列在身体皮肤上并相互联系聚集的点，这种做法的背后以一种基本上还是中世纪的，相当复杂和深奥的生理学理论作为支撑。""艾绒灸包括把点燃火绒蒿，或者说艾，一种圆锥体的香或是像雪茄一样的香柱，直接放在皮肤上或靠近皮肤烤。选择的这些烤灸点基本上和针刺的位置相同。根据烤灸的热度，有时是像热敷一样的温和的热刺激，有时是强烈刺激性的烧灼，这种疗法叫作艾绒灸或艾绒灸。总体上来讲，针刺疗法从中国古代一直到现在被认为用来治疗急性病，而灸被认为更适合长期的顽固性疾病，或用来预防疾病。"②

然后，李约瑟介绍了这种针灸疗法大致起源于中国的周朝（第一个千年），到公元2世纪得到了进一步的发展。几个世纪之前扩散到像周围的受中国传统文化影响的邻国，近三百年来在西方引起了一定的兴趣和

---

① Robert Temple, *The Genius of China: 3000 Years of Science, Discovery, and Invention*, New York: Simon and Schuster, 1986, p.12.

② Joseph Needham, *Science in Traditional China*, Harvard University Press, Cambridge: 1981, p.85.

实践。李约瑟认为西方第一次知道针灸疗法是通过一个叫威廉·腾·瑞吉恩（Willem ten Rhijne）的人在 1684 年写的一本书《论关节炎》。[①] 这部书的出版对西方医学界影响很大，虽然针刺疗法一直到 19 世纪才在西方国家大量实践，许多的医学文章在谈到针刺疗法的时候都源引此书。英语中的"acupuncture"一词就来源于威廉·腾·瑞吉恩创造的拉丁文词语"acupunctura"。然后李约瑟讲述了有关中医理论中的"奇经八脉"、"气"、"经络"、"血"等。李约瑟对中国人很早（大约在公元前 2 世纪—1 世纪）就知道了人体的血液循环的理论非常佩服，因为西方只有到了 1628 年才被威廉·哈维爵士（Sir William Harvey：剑桥大学教授）所证实。

关于对中医中药的认可，李约瑟博士写到有些受过现代医学训练的医生不大相信，但是大多数中国的医生，既是受过现代医学的训练，也大多认为中医有治疗和减轻病痛的疗效。李约瑟博士认为至于中医中药是否有效，还有待进一步通过长期统计治愈的病例，才能最终得出结论。但是，有一点李约瑟是相当肯定的，那就是他通过在中国的长期考察，发现中医中药能在中国流传至今，并且还有很多人在使用这种疗法。根据一般的推论，如果没有效用，也许早就应该失传了。作为现代的科学家（李约瑟是生物化学家和生理学家），李约瑟说，"我们发现作为一个像针灸这样一整套的理论和实践，几个世纪以来，它能够成为成百万上亿人生病时的备用的大锚（重要的希望），如果没有客观的价值，是难以置信的。作为生理学家和生物化学家，要让我们相信它的效果完全是主观上的和心理上的作用也未免太夸张了。"[②]

---

① 威廉·腾·瑞吉恩（Willem ten Rhijne）：1647—1700，曾为荷兰东印度公司的医生，写过关于亚洲的癫痫病和对热带植物进行过研究，是第一个把针灸疗法介绍到西方的人。

② Joseph Needham, *Science in Traditional China*, Cambridge：Harvard University Press，1981，p.88.

　　李约瑟认为从 50—60 年代针灸麻醉在外科手术中取得的成功使西方的医学界（包括医生和神经生理学家）开始严肃地重视起中医中药。针对许多西方人对中国针灸的误解（认为针灸只是通过心理暗示而起一定作用，是一种"边缘医学"，针灸麻醉跟催眠术麻醉是同样的道理），李约瑟认为利用纳洛酮可以测试针灸的真正麻醉作用，因为纳洛酮是吗啡的一种拮抗药。实验证明，纳洛酮对催眠麻醉没有任何作用，而对于针灸麻醉却有抑制作用，从而证明针灸起到的作用相当于吗啡。此外，通过动物实验可知，针灸可以使动物产生某种生理的或生理化学变化，因为在动物试验中，心理暗示因素可以完全被排除。

　　因此，李约瑟进一步解释了针灸麻醉的现代医学原理，"现在很清楚从神经生理学的角度来看刺针通过对不同深浅的不同的受体进行刺激，通过脊髓向大脑输入脉冲。也许这些脉冲可以激活下丘脑中的脑下垂体，从而导致肾上腺皮质可的松荷尔蒙的增加，或者说也许这些刺针通过刺激植物性神经系统使网状内皮系统产生的抗体增加。"① 李约瑟进一步推断，如果这种解释能够成立，如果刺针真的能够使人体的可的松荷尔蒙和抗体增加，那么用针灸治疗疾病的价值将是巨大的。针灸将可用于治疗像伤寒和霍乱等疾病。

　　李约瑟可以肯定针灸麻醉与大脑的阿片肽有关。到 20 世纪 70 年代，医学家才发现人的大脑可以产生一些比吗啡的功效高 50 倍叫作脑啡肽和内啡肽之类的生物化学合成物激素。脑啡肽和内啡肽是一种产生于我们大脑的体内止痛剂。针灸可以刺激我们的神经细胞使大脑释放这些高效能的脑啡肽和内啡肽，从而达到止痛的效果。如果这种解释可以成立，也就是说我们中国人的祖先在周朝（第一个千年）就发明的针灸疗法到 20 世纪

---

① Joseph Needham, *Science in Traditional China*, Cambridge：Harvard University Press, 1981, p.92.

才被西方的现代医学理论用实证科学的方法加以解释或证实。这足见我们祖先的伟大和中医针灸的神奇。

李约瑟对中西医的治疗原理进行了简单的比较，发现中西医有一些共同之处。中西医中都有关于人体的自我恢复功能和自我保护功能的概念，以及直接攻击入侵人体的病原体及"邪气"的概念。直接攻击病原体似乎在西医中占主导地位，但是人体的自愈功能的概念在西方确实自希腊的希波克拉底（公元前460年—前370年，被称为西方的医药之父）和伽林（古希腊名医及有关艺术的作家）开始的。中医中虽然强调整体医疗的概念，但同时也存在战胜外部致病物的思想。中医称之为"出邪"或"解毒"。中国的道教强调养生实际上是增加肌体的营养和自身的抗病能力。中国的针灸就是沿着这条理论，即提高病人的抗病能力，从而达到治愈的结果，而发展起来的。针灸目前在西方主要用于治疗一些西医无法治疗的疾病，如坐骨神经痛和腰痛病等疑难病症。

关于中西医药的治病原理，李约瑟提炼出第三点相似之处，即强调人体的平衡。古希腊医学也有人体的各组成部分平衡的理论。中医的"阴阳五行"比之西方的"放血术"（放血术就是根据人体平衡理论把"致病的邪毒"通过放血排出体外，从而恢复身体平衡，达到治愈的目的），在诊断和治疗方面更微妙。

西方现代医学对中医针灸的批评主要是指责针灸缺乏统计数字的证明。但是李约瑟通过阅读中国的古代文献《周礼》发现中国古代就有关于治愈率的临床记录。李约瑟讲到《周礼》中有一段关于医师官的记载。医师官管理着整个国家的医药。每年的岁末都会根据每个医生的治病记录评定等级，确定发放薪水的多少。治愈率达到100%的为一级，90%为二级，80%为三级，70%为四级，不超过60%的为低级。李约瑟由此得出结论"这本书很清楚地表明中国古代临床记录的保持，这些评论对我们（西方人）来说证明了中国古代学者具有令人钦佩的怀疑主义和批判思想。"

关于针灸的治愈率，李约瑟提供了一个最近的 15 万病例的统计数字，这些病例中包括中国人、俄罗斯人和欧洲人。从这个统计数字可以看出，通过针灸治愈和达到麻醉效果的 I、II 级（I 级为不需要其他药物和麻醉剂，II 级为手术前或手术中需要其他麻醉药物作为辅助性措施）治愈率和麻醉有效率为 75% 左右。因此李约瑟认为针灸的治愈率和麻醉有效率达到 75%，差不多是心理暗示作用 35% 的两倍，说明针灸的有效性是一个"重要的因素"。①

李约瑟确定中医对人体血液循环知识早于西方主要是通过阅读中国的古典文献《黄帝内经》包括《素问》和《灵枢》并把这些中国古代医学著作与威廉·哈维（William Harvey）在 1628 年发表的医学论文相比较得出的。在威廉·哈维以前很长的历史时期内，西方人一直以为人体动脉里面流淌的是像大海的潮汐一样的气体。而中国的《素问》（大约公元前 2 世纪）就把血管定义为"血"的住所；自《灵枢》（大约公元前 1 世纪左右）之后，已有关于"阴气"或"营气"在"脉"中流动，而"阳气"或"卫气"在"脉"外流动的说法。《灵枢》中还说"脉"（也就是我们现在所说的脉管）是一种像堤坝或墙壁一样的东西，形成一种如隧道一样的圆形通道，控制着"营气"的流动，使它既不能逃脱又不能渗出。李约瑟援引吴懋先在公元 1586 年的说法，"营气"在血管中毫无阻拦地、日日夜夜不停地循环流动，这实际上就是血。除了援引《黄帝内经》中的《素问》和《灵枢》篇之外，李约瑟还找到大量证据证明（包括公元 1 世纪左右的《难经》，1575 年的《循经考穴篇》，1618 年张介宾撰写的《类经》等中国古代的医学著作）中国的"血液循环说"，心脏的位置及"心主脉"（心脏控制着血液的流动）等医学知识比英国的威廉·哈维在 1628 年出版的

---

① Joseph Needham, *Science in Traditional China*, Cambridge：Harvard University Press, 1981, pp.97-98.

《心脏和血液的流动》De Motu Cordis（also known as "On the Motion of the Heart and Blood"）至少早 1800 年。

至于威廉·哈维是否受到了中国医学的影响，李约瑟说就现在掌握的资料来看，还不能断定，但是资料显示在威廉·哈维之前有意大利解剖学家和阿拉伯生理学家在 16 世纪有类似血液循环的说法。但在炼丹术方面，李约瑟说"我们在研究炼丹术思想和实践中找到了大量的证据证明炼丹术从中国传到阿拉伯，然后才传到西方世界。"①

通过大量的文献对比研究，李约瑟最后得出结论，"西方对针灸有许多种误解。针灸疗法和诡异心理学、神秘学影响、通灵能力等无任何联系，所以不应得到相信这些异能的人的赞扬。针灸疗法也不完全依靠心理暗示或催眠术的作用，针灸和现代医学并无矛盾之处。……针灸简单地说是在与西方文明不同的文明中发展起来的一整套具有两千年历史的医疗体系。"李约瑟相信，虽然从现代医学的角度（生理学、病理学、生物化学、神经化学、内分泌学和免疫学等）对针灸治疗原理的研究刚刚开始，但是在今后的普世医学中将会有中医针灸的一席之地。这一点李约瑟是十分肯定的。②

除了医学方面以外，李约瑟还列举了好多的例子证明中国古代科技确实高于西方同时期的科技成就。"毫无疑问，张衡（公元 78—139 年）确实比赛诺克拉底（Xenocrates，公元前 395—前 314 年，希腊哲学家）对地震学了解得更多，苏颂（公元 1020—1101）在时间测量方面超过了维特鲁威（公元前 1 世纪罗马工程师）。"③ 小数点位置的值和用空白代表

① Joseph Needham, *Science in Traditional China*, Cambridge：Harvard University Press, 1981, p.105.

② Joseph Needham, *Science in Traditional China*, Cambridge：Harvard University Press, 1981, p.106.

③ Joseph Needham, *Science in Traditional China*, Cambridge：Harvard University Press, 1981, p.8.

零，还有十进制计量，确实在黄河流域比在世界的其他地方要早。中国的数学思想永远是深奥的代数，而非几何，宋代和元代中国在解方程方面领先世界，以布莱斯·帕斯卡（公元 1623—1662）命名的三角形在公元 1300 年的中国已是旧知识了。以杰罗姆·卡丹 Jerome Cardan（公元 1501—1576）命名的卡丹式悬架（万向悬架）（Cardan suspension）应该称之为丁缓悬架（中国的丁缓在世期大约为公元 180 年），因为在 Cardan 之前，这种悬架已在中国使用了整整一千年的时间。中国在文艺复兴以前在天文学方面是世界上最坚持不懈、最精确的天文现象的观察者。物理学方面，古代和中世纪中国在光学、声学、尤其磁学等领域领先西方（西方当时几乎对磁学现象一无所知），而西方在机械和动力学领域相对领先中国。

李约瑟还观察到中国在周朝和汉朝时期虽然在科技方面比不上希腊的成就，但是后来由于中国没有出现欧洲的黑暗时代，因此在制图学方面，和托勒密（公元 2 世纪希腊天文学家）同时代的张衡和裴秀（公元 229—271）开始使用的矩形网格制图法在中国一直延续到 17 世纪，而在欧洲自托勒密死后，这种量化制图法被湮灭。中国在调查方法和绘制立体地图方面也非常领先。

当然还有许多领域中国的科技文明的确比西方文艺复兴以前要先进许多（有兴趣的读者可以直接阅读李约瑟的《中国科学技术史》）。究竟是什么原因导致了中国的科技领先地位呢？李约瑟认为主要是中国的封建中央集权制度和中国的科举制度。中央集权制度可以在广大的范围之内动用人力、财力和物力；科举制度可以保证国家把各种各样有才能的优秀人才选举出来，成为"士"为封建官僚体制服务，保证这种官僚体制的高效运作。这种科举制度使中国始终没有形成像欧洲那样的世袭贵族阶层。科举制度始终使"士"阶层处于一种流动状态，旧的"士"家庭如果不能产生新的有才能的人就会沦落为普通的阶层。所以，中国的"士"阶层一般身居高位也就是一代、二代的事情。但是也不排除这些家庭有很好的藏书，在科举考试中还是占有很多的优势，但并不能保证这些家庭的孩子们一定能成才。李约瑟甚至指出西方的"事业向有才者敞开"（Carriere ouverte aux talents）的思想不是始自欧洲的法国大革命，有许多证据表明这一思想来自中国的科举考试。只是到 19 世纪才被许多西方国家纷纷借鉴和效仿。

这种制度在多大程度上影响了中国科学技术的发展，李约瑟认为这是一个非常复杂的问题，还有待进一步的详细研究，但是有些方面是可以肯定的。中国历法和星相学对农业社会至关重要，中央集权机构非常重视工程和水利，因此，与之相关的数学和物理在学者当中是热门科学。许多人认为中国封建官僚体制的发生和发展部分的原因是由于水利工程往往会打破封建领主土地的界限，这样就使权利集中在中央官僚帝国手中。李约瑟列举了《盐铁论》中有关天子不得不考虑大面积的水利工程而不需要单个的封建领主操劳来证明中央皇帝的权力。中央政权对某些领域的重视当然必定促进这些领域的发展。再比如地震仪的发明、下雨量和下雪量的测量等对于中央及时掌握自然灾害的情况，及时采取处置措施，抗震救灾，预防叛乱等至关重要。

李约瑟认为中国社会在中世纪比其他世界上任何一个国家更能够组织大规模的探险和实地科学考察工作。例如在公元 8 世纪由一行和尚和南宫说组织领导下的对子午弧线的测量工作；与此同时中国还派遣了一只探险队到东印度地区考察和观察南极 20°之内南半球的星座分布情况。①

以上分析均取自李约瑟的《中国传统科学》（Science in Traditional China）这本书，除此之外，李约瑟还出版了许多单行本的专著：《天堂的钟》（Heavenly Clocks），《中国钢铁冶炼技术的发展》（The Development

---

① Joseph Needham, *Science in Traditional China*, Cambridge：Harvard University Press, 1981, pp.23-26.

of Iron and Steel Technology in China），《中国与西方的管理人员和工匠》（*Clerks and Craftsmen in China and the West*），《四海之内》（*Within the Four Seas*），《东西方对话》（*The Dialogue of East and West*），《大滴定：东方与西方的科学与社会》（*The Grande Titration：Science and Society in East and West*）等。

李约瑟对传统中国科技史的研究在西方世界引起了巨大的反响。有赞美之声也有许多质疑。有的批评者认为李约瑟是否用自己的整体主义和现代的许多科技知识来解释中国的古代文献。当然大多数的西方科技史学家通过仔细阅读李约瑟的著作，还是认可他的工作的。著名中国学教授德克·博迪（Derk Bodde）赞美道，"令人着迷的中国科学，有时用一种令人不安的思想背景的图画，一种具有敏锐洞察力的，具有独创性的，对复杂的细节把握很好的方式，清楚的呈现在读者的面前。"[①]

米古拉斯·忒敕（Mikulas Teich）和罗伯特·杨（Robert Young）在1970年为了庆祝李约瑟的生日，邀请世界各地的技术史学家撰文，后以《科学史中变化的视角：纪念李约瑟论文集》（*Changing Perspectives in the History of Science：Essays in Honour of Joseph Needham*）为书名出版了论文集。撰文者中包括哈佛大学著名的科技史教授伯纳德·科恩（Bernard Cohen），芝加哥大学的科技史教授艾伦·乔治·德布斯（Allen George Debus），海登堡大学的医学史教授瓦特·佩格尔（Water Pagel）等20名学者和专家。其中还包括李约瑟的长期合作者鲁桂珍院士。

大英博物馆实验室的罗林斯（F. I. Rawlins）写道，"我们正在见证思想史中特别的东西出现，那就是对一个表现出与众不同的独特的先进文明的精细的调查和评价，这一文明在西方文化中往往受到了不恰当的对待。"

---

① Mikulas Teich and Robert Young, *Changing Perspectives in the History of Science：Essays in Honour of Joseph Needham*，1973，D. Reidel Publishing Company，Dordrecht，p.16.

著名历史学家阿诺德·汤因比对李约瑟出版的《中国科学技术史》这样评价道，"这部著作的实际的重要性和他的思想的重要性同等重要。这是西方世界对（中国）高于外交层面的'认可'"。①

通过研究中国的古代科学技术，李约瑟和谭普尔都意识到所谓的西方先进论和西方种族优越论都是西方人无知和沾沾自喜的表现。中国人由于自己在现代科学技术方面远远落后于西方而产生的不安心理也表现出中国人对自己祖先创造的灿烂的物质文明和科技文明知者甚少。我们的历史教科书只是简单地赞美中国五千年的文明历史，但是我们却很少用具体的实例来教育我们的青年。在我的印象中，我们的中学历史教科书恐怕没有多少具体的实物图片告诉我们的教育对象，在农业实现机械化以前，我们祖先发明的铁犁、耧车、水车等农业机械在 18 世纪以前还是非常先进的。因此要增强我们的民族自信心，克服民族自卑心理，加强爱国主义教育必须建立在具体的对我们古代科技文明详细了解的基础之上，否则单纯的讲五千年的灿烂文化只是一句空话，未必能使现在的年轻人信服。

李约瑟和谭普尔对中国古代文明对世界文明的贡献予以充分地肯定，和芒福德一样，他们把世界文明当成一个终极文明形式，希望东方文明和西方文明能够互通有无，互帮互助，平等对待，实现共同进步。西方人应该克服西方优越论，东方人应该挺起腰板，与西方人平起平坐，实现对等交往，成为真正的全面的合作伙伴。

谭普尔的话可以用作本章的结语，"如果世界各个国家和民族对彼此有一个更清楚的了解，在东方和西方思想的鸿沟之间搭起一座桥梁，那是再好不过的事情。归根结底，在建造世界文明的工作中，他们是，并且几个世纪以前一直是亲密的伙伴。今天的技术世界，直到最近还没有人想象

---

① Mikulas Teich and Robert Young, *Changing Perspectives in the History of Science：Essays in Honour of Joseph Needham*, 1973, D. Reidel Publishing Company, Dordrecht, p.17.

到，是东西方相互结合的产物。现在应该是让东方和西方都意识到中国对世界文明的贡献并得到相应的承认的时候了。更重要的是让现在在校的孩子们了解、吸收这一点，形成他们最基本的对世界的认知概念。当这一天到来的时候，中国人和西方人就能够平视对方，成为真正的全面合作的伙伴。"①

---

① Robert Temple, *The Genius of China*: *3000 Years of Science*, *Discovery*, *and Invention*, Simon and Schuster, New York, 1986, p.12.

结　论

从以上各章的分析可以看出芒福德是一位学识渊博，涉猎广泛，通古博今，融会贯通的当代大学者。芒福德不仅仅是当代城市规划界大师级的人物，也是技术哲学的权威；不仅是与帕灵顿（Parrington）同时代的著名文学批评家和文学史家（他的《金色日子》比帕灵顿的《美国思想主潮》还要早 4 年。芒福德的《金色日子》确立了新英格兰超验主义作家艾默森、索罗以及著名诗人惠特曼在美国文学史上的历史地位，他的著作《赫尔曼·麦尔维尔》掀起了美国麦尔维尔的研究热潮），而且也是乌托邦思想的研究者和追随者（他不仅在早期的创作生涯中写了专门研究乌托邦思想历史的《乌托邦的故事》，而且，在以后的多部作品中都表现出了要求改变资本主义现行制度，建立"基本共产主义"；主张世界各个国家和平相处，牺牲部分利益，政治上平等，经济上互相帮助，按照联邦制的原则，建立世界联合政府的乌托邦思想）；[①] 不仅是近代世界最早的生态城市的倡导者之一，也是盖迪斯和霍华德思想的继承者和"集大成者"；芒福德不仅在城市规划领域，而且也在技术领域继承和发展了马克思为大众谋

---

① Shuxue Li, *Lewis Mumford: Critic of Culture and Civilization*, Peter Lang, 2009.

福利的普惠思想（在城市规划领域芒福德时刻也没有忘记工人阶层的住房问题，在技术领域，他的技术哲学包含了许多当代技术哲学家少有的技术的社会性思想。）；芒福德不仅在技术发展史和西方城市发展史等史学研究中时刻保持着一个有良知的知识分子的高尚的道德情操，而且表现出超越本国利益的伟大的国际主义和全球化思想。

芒福德思想的渊源是多元的，从而也决定了他思想的多元化。芒福德不仅受到了马克思的阶级分析、共产主义、公平分配社会财富等思想的影响，也受到了韦伯宗教思想的影响；同时也受到了许多诸如托马斯·摩尔、罗伯特·欧文和爱德华·贝拉米等乌托邦主义思想家的影响；在城市规划领域，英国的盖迪斯和霍华德，美国的艾默生和索罗对芒福德思想也产生了深刻的影响。芒福德从不同的思想家那里吸取了各种各样丰富的营养，形成了自己独特的思想和跨学科的研究视角。芒福德既不是单纯意义上的文学批评家、城市规划师，技术史学家和哲学家。正像笔者在上一本研究芒福德早期著作一书中所说的，如果用一个词来形容芒福德的话，那就是"文化和文明批评家"。芒福德的著作几乎涉及到文化的每个方面，文学艺术、技术、城市、哲学、宗教、政治、社会、历史等各个领域，也涉及到各种文明形式如西方文明、东方文明，工业文明、农业文明、古代文明和现代文明等。但芒福德不仅仅是这些文化和文明的简单记录者，而是现代文明的批判者。芒福德写出如此庞杂的著作来不是炫耀自己的知识有多么渊博，而是要解决现代社会的一系列现实的问题。所有芒福德的著作都紧紧围绕着一个焦点就是当代西方文明和当代西方社会。

芒福德是一个孜孜不倦的求索者。他在为现代文明寻找答案。芒福德始终思考的一个问题是究竟现代文明问题出在哪里？为什么技术的进步没有为人们带来和平和进步，反而导致了两次世界大战、越南战争和核武器？为什么技术的进步和城市的发展没有给大多数人带来生活的改善和增进幸福的指数？因此，芒福德的著作无论涉及到那些领域，始终围绕着这样一个问题，那就是现代人应该怎样生活，人们应该怎样利用现代先进的科学和技术，人与人之间，国与国之间应该怎样相处才能消除贫困和仇恨，实现世界的永久和平和人类社会的不断进步。

芒福德不是一个西方中心论者，也不是一个西方种族优越论者。恰恰相反，芒福德发现现代西方文明出现了前所未有的大问题。由于西方人只注重机器文明，只注重对利益和利润的追求，忽视了艺术和人的本性需求，忽视了人类发展的全面性。芒福德不仅揭示了西方文明的各种弊端，并且从包括东方文明在内的许多其他文明中发现许多可资借鉴的东西，来弥补和矫正西方文明的不足之处。芒福德把文明看成是一个不断发展和完善的过程。芒福德不认为西方文明高于东方文明，或者说西方文明比东方文明优越，恰恰相反，芒福德认为只有实现东西方文明互补，国与国之间实现和平相处、互通有无、共同发展和进步，才能达到文明的最高形式。

从国内层面来讲，人与人和平相处，政治上实现社区民主、机会平等、收入合理分配、人们能够自由自在地生活、人人有房住、有书读、有休闲和娱乐、居住环境优美宜居，免受工业污染的侵扰；从国际层面来讲，民族与民族之间、国与国之间、大洲与大洲之间实现经济上互通有无，政治上实现一个世界政府，统一管理全球事务，合理协调各种利益关系，通过和谐合作、和平共生，实现世界大同，这才是芒福德所倡导的真正意义上的文明。

在芒福德对文明的理解中，如果有一个阶级、一个地区、一个国家没有实现物质上丰富、精神上充实、环境上优美、美学上享受的生活，那么整个人类社会就没有达到一个高度文明的境界。芒福德的理想王国是不同阶级、不同种族、不同性别、不同国家、不同地区和不同的大洲之间，实现相互平等、团结合作、和平共生。

芒福德的这一理想虽然现在看来还是难以实现的"乌托邦"，但是作为整个人类为之奋斗的最终宏伟目标，对于消除国与国之间的战争威胁，实现世界各民族国家和谐相处，和平共生，共同建设"地球村"这一人类的美好家园，还是具有一定的前瞻性和重大的理论指导意义的。

自苏联解体之后，世界上许多国家一边倒地实行资本主义制度。在这样的一个世界大背景下，研究芒福德的著作有助于我们更加坚信我们的社会主义制度，进一步完善我们的基层民主制度，而不是一味地模仿西方的一些资本主义的选举民主。因为在芒福德看来，西方的资本主义充满了各种矛盾和危机，有很多弊端。资本主义的私有体制阻碍了由于技术的进步和城市的发展所带来的各种生活的便利向普通的劳动者扩散的历史进程，芒福德的著作中充满了对西方现代资本主义社会的无情揭露和尖锐的批判。芒福德的思想中有许多社会主义和共产主义的因素。

芒福德认为现代西方在物质上是丰富的，技术上是先进的，但是必须辅之以合理的政治体制，保证劳动人民能够享受到由于技术的不断进步带来的好处。在芒福德的思想中，物质的丰富和技术的进步不应成为少数特权阶层独享的工具，而应成为大众共享的东西。这和我们国家现在提出的全民共享改革开放的成果，最终实现共同富裕的宏伟目标是完全吻合的。芒福德的这种技术和城市设施的普惠思想，正是我们具体实现全民公共富裕这一宏伟蓝图可资借鉴的。

笔者在 *Lewis Mumford*：*Critic of Culture and Civilization* 一书中通过对芒福德早、中期著作进行了研究，探讨了芒福德的乌托邦思想；通过对比研究确认了芒福德对早期美国学运动的贡献及其地位；通过对马克思和韦伯现代性思想的对比研究，摸清了芒福德对现代性的认识和他的技术文明观。芒福德在对马克思和韦伯的思想进行综合、继承的基础上，丰富和发展了他们的思想，用独特的跨学科性质的文化和文明研究视角，形成了独特的社会发展的"合力理论"。论著的最后一章对芒福德的社区主义的城市规划理念进行了深入的探讨和空间的解读。

本书在原来研究的基础上对芒福德的中、后期重要作品《以理智的名义》（*In the Name of Sanity*），《生命行为》（*The Conduct of Life*），《人类的转变》（*The Transformations of Man*），《机器的神话：技术与人类发展Ⅰ》（*The Myth of the Machine：Technics and Human Development（I）*）；《机器的神话：权力的五角大楼Ⅱ》（*The Pentagon of Power（II）*），《人类必须行动》（*Man Must Act*），《生存的信念》（*Faith for Living*），《城市发展史：起源、演变和发展》（*The City in History：Its Origins，Its Transformation and Its Prospects*），《高速公路与城市》（*The Highway and the City*），《城市展望》（*The Urban Prospect*）等文本进行了详细的研究。

一、挖掘出了芒福德的"城市生态"思想，确立了芒福德早期现代"城市生态"奠基人之一的历史地位。芒福德通过对西方工业化和城市化进程通古博今的史学研究，为我们建设生态城市、进行生态建设提供了可资借鉴的思想和方法。因此，研究芒福德的城市生态观和城市建设理念，对我国的大都市化建设，包括小城镇建设都具有十分重要的理论意义和现实意义。

二、路易斯·芒福德的城市社区主义规划理念。作为美国20世纪城市化进程中最有影响的城市学家之一，芒福德在他的《城市文化》、《城市展望》等一系列著作和文章中以社区为指导思想对美国以及欧洲的城市规划及现状进行了理性的分析。从家庭邻里到儿童游乐场，从购物中心、社区活动中心到市中心的空间绿地，芒福德在城市规划评论中所表现出来的规划理念在现代化城市中有利于培养人们日常交际和合作、有利于形成人们的地域情感和归属感、有利于提高人们的社区意识和社会公德意识。我国现在正处在城市化建设的关键时期，研究芒福德的城市规划理论对我国的城镇化建设具有重要的指导和借鉴作用。

三、我国的城镇化建设如何发展才能避免芒福德所说的城市"罗马化"现象和现代"都市病"。本书通过对芒福德的城市规划理论的梳理，对照我国现在城镇化过程中存在的问题，提出了解决问题的一些思路。本书作者认为，芒福德的中小城镇发展理论及把大城市的各项城市技术、设施和福利向中小城镇和农村扩散的理论对我国建设全面小康社会，实现全民共同富裕具有重大借鉴意义。

四、探明了芒福德的技术哲学思想。许多技术哲学家，如现象学技术哲学只是探讨一般意义上的技术问题，很少涉及技术的社会属性。本研究则揭示了芒福德的独特之处在于看到了技术的社会属性，强调技术为民的普惠思想。芒福德认为技术不仅要为少数富人和统治阶级服务，也应该为广大的人民大众服务。技术不应成为少数人手中维护特权利益的手段，应该成为造福百姓的工具。在技术不断更新和飞快发展的今天，人们应该如何驾驭科学技术，才能不被"巨机器"所"异化"，使其沿着人文主义的轨道发展，并最终为人类服务，这些思想也是芒福德思想的主要内容。

五、路易斯·芒福德打破传统学科界限，用文化与文明批评之方法，借鉴了马克思的阶级分析的观点和韦伯的宗教理论，通过撰写西方技术文明史，对现代资本主义社会工业文明所带来的各种利与弊及其产生的历史根源进行了全面的探讨，并逐渐形成了自己的合力理论，提出了自己的现代技术文明观。本章通过与马克思和韦伯思想的对比研究，揭示出芒福德的技术文明观。

六、本书通过文本研究对芒福德在其《城市文化》、《城市发展史》、《技术与文明》及《城市展望》等著作进行了比较系统的研读，对芒福德在这些著作中表现出来的城市和技术惠民思想进行了细致的挖掘和梳理，以资对我国的城镇化、现代化建设和尽快实现全民共同富裕的宏伟目标有所启发。

七、本书对芒福德的《人类必须行动》（*Man Must Act*）（1939）、《生存的信念》（*Faith for Living*）（1940）、和《以理智的名义》（*In the Name of Sanity*）（1954）等多部著作进行了研究，挖掘出了芒福德的全球化思想。芒福德通过研究城市和技术，亲身经历了第二次世界大战和美苏冷战给人类带来的巨大战争灾难对人类生活的影响，形成了自己的全球一体化意识。各个国家无论大小和强弱、贫穷和富有，如何互通有无、和睦相处，共同进步，实现世界大同，这是芒福德的理想。研究芒福德的思想对于实现世界和平与稳定具有很深刻的现实意义和深远的历史意义。

八、芒福德在批判西方现代文明的过程中，始终把东方文明作为参照物。古代东方文明在技术和其他各个领域全面协调的发展为西方文明树立了可资借鉴的样板，用来矫正西方文明中片面的技术的长足发展对人们日常生活和工作的影响。笔者在研究芒福德对东方文明的看法时发现英国的李约瑟博士（Joseph Needham）和美国的罗伯特·谭普尔博士（Robert Temple）等对中国文明比芒福德有更加深入的了解和研究，因此，在本书中也对他们对中华文明的看法一并进行了探讨。

通过以上研究可以看出，虽然芒福德一生学术涉猎极广，内容包括政治、经济、哲学、历史、文化、科技、建筑和城市规划等，但他的基本出发点是考量人类发展的一个横断面即：现代文明。人在现代化和城镇化进程中应如何生存，在巨大的机器文明面前怎样保持人的本性。芒福德通过对西方现代文明博古通今、穿越时空的思考，不仅为西方，而且为整个人类设计了更能保持尊严、更能实现其内在潜能、东西方文明互补、和谐共处的乌托邦式的美好未来。本研究对芒福德思想的整体把握可以克服以前对芒福德盲人摸象般的片面了解，更容易看清芒福德思想的宏大性、整体性和系统性。

笔者虽然在原来研究的基础上对芒福德的后期主要著作进行了比较详细的研究，但是由于芒福德是一位少有的多产作家，再加上时间的限制和资料的不足，还没能对芒福德的所有著作进行研究。如芒福德的《赫尔曼·麦尔维尔》(1929)、《记忆犹新》(*Green Memories*)(1947)、《城市发展》(*City Development*)(1945)、《生存的价值》(*Values for Survival*)(1946)、《艺术与技术》(*Art and Technics*)(1952)等著作，还有他的上千篇文章，需要进行进一步的研究。以后的研究者可以对芒福德在技术与艺术的关系、芒福德的艺术观和绘画、芒福德的文学批评思想、芒福德的教育观等方面进行进一步的探讨。

本书只是拓宽了原来的单纯对芒福德在建筑和城市规划领域的、技术哲学领域的研究，用跨学科的研究方法揭示了芒福德的学术思想的宏大性、整体性和系统性。芒福德的许多观点和想法对于我们提出的和平发展、构建和谐社会、实现全民共同富裕、全面建成小康社会具有很强的理论指导意义和现实意义。因此，如果本研究能够激起国内学术界对芒福德思想的研究兴趣，挖掘出芒福德思想中更多的对我国的现代化建设有用和有益的东西，本书作者将感到无比的欣慰。

附　录
芒福德生平年表

1895 年　10 月 19 日出生于纽约的法兰盛（Flushing）。

1909 年　进斯蒂万桑中学（Stuyvesant High School）学习，准备成为一名工程师。

1912 年　决定成为一个作家；被纽约市立大学录取。

1913 年　发现了英国苏格兰社会学家、城市学家帕特里克·盖迪斯（Patrick Geddes）的书籍，后拜其为师；成为学习城市的学生，徒步考察纽约市及其周边地区；开始实行自我发展计划，把自己从自我中解放出来。

1918 年　加入美国海军。

1919 年　从海军退伍；加入《拨号者》（*The Dial*）杂志社，遇到索菲亚·威腾伯格（Sophia Wittenberg），后娶其为妻。

1920 年　搬到纽约，成为《社会学评论》（*Sociological Review*）杂志社的编辑；回到纽约为《自由人》（*The Freeman*）撰稿。

1921 年　与索菲亚·威腾伯格（Sophia Wittenberg）结婚。

1922 年　出版《乌托邦的故事》（*The Story of Utopias*），期间住在纽约市的格林威治村；后搬到布鲁克林高地。

1923 年　美国区域规划协会（RPAA）的发起人之一；帮助美国区域规划协会规划皇后区的阳光花园小区（Sunnyside Gardens）。

1924 年　出版《树枝和石头》（*Sticks and Stones*），第一部关于建筑的书。

1925 年　7 月 5 日，儿子盖迪斯·芒福德（Geddes Mumford）出生；到瑞士日内瓦讲学，到爱丁堡拜访帕特里克·盖迪斯（Patrick Geddes）；搬到阳光花园小区（Sunnyside Gardens）居住。

1926 年　第一次在纽约的阿米尼亚小镇（Amenia）度夏，出版《金色日子》（*The Golden Day*）；帮助筹建《美国大篷车》（*The American Caravan*）杂志。

1927 年　到芝加哥访问后，发现了建筑学芝加哥学派，并撰文宣传。

1928 年　帮助美国区域规划协会规划新泽西费尔劳恩市（Fair Lawn）的拉德本小区（Radburn）。

1929 年　出版《赫尔曼·麦尔维尔》（*Herman Melville*）一书，开始在达特茅斯学院（Dartmouth College）做半职访问教授。

1931 年　出版《褐色年代》（*The Brown Decades*）；加入《纽约人》（*The New Yorker*）编辑部，撰写"天际线"和"艺术长廊"栏目。

1932 年　开始到欧洲为撰写"生命再生"系列丛书做研究。

1934 年　出版《技术与文明》（*Technics and Civilization*）一书；被任命为纽约市高等教育委员会成员。

1935 年　8 月 28 日爱女艾莉森（Alison）出生。

1936 年　搬到纽约的阿米尼亚小镇（Amenia）居住。

1938 年　出版《城市文化》（*The Culture of Cities*）一书；准备火奴鲁鲁城市规划报告和太平洋西北区域规划委员会规划报告；为《城市》（*The City*）撰写电影脚本。积极参与反对美国在第二次世界大战中保持中立的活动，呼吁美国对法西斯国家宣战。

1939 年　出版《人类必须行动》（*Men Must Act*）。

1940 年　出版《生存的信念》（*Faith for Living*）；参加"帮助同盟国保卫美国委员会"组织。

1941 年　与弗朗克·劳伊德·赖特（Frank Lloyd Wright）等持美国中立观点的人士断绝友谊。

1942 年　搬到加利福尼亚入职斯坦福大学，帮助设计新人文学教学计划。

1944 年　从斯坦福大学辞职，回到阿米尼亚小镇（Amenia）；出版《人类的生存条件》（*The Condition of Man*）；9 月 13 日，爱子盖迪斯在意大利阵亡。

1945 年　搬到新汉普什尔州的汉诺威（Hanover）与朋友们为邻。

1946 年　访问英国，就战后城市规划提出咨询意见；出版《生存的价值》（*Values for Survival*）。

1947 年　出版《记忆犹新》（*Green Memories*）爱子传记；开始进行反对进一步使用和发展原子武器。

1948 年　搬回纽约住了四年；就斯蒂万桑镇（Stuyvesant Town）的规划与罗伯特·莫西斯（Robert Moses）开战。

1951 年　开始在宾夕法尼亚大学作连续 10 年的客座教授；出版《生命行为》（*The Conduct of Life*），最后一本"生命再生"系列丛书。

1952 年　出版《艺术与技术》（*Art and Technics*）一书。

1956 年　出版《人类的转变》（*The Transformation of Man*）一书。

1957 年　为撰写城市史到欧洲进行研究旅行；开始在麻省理工学院做客座教授。

1958 年　领导反对罗伯特·莫西斯（Robert Moses）在华盛顿广场建造马路的计划。

1961 年　出版《城市发展史：起源、演变和发展》（*The City in*

History：*Its Origins，Its Transformation and Its Prospects*），获得美国国家图书奖；在加利福尼亚大学伯克利分校做客座教授。

1962 年　回到阿米尼亚小镇（Amenia）开始写自传和两卷本的技术史和人类发展史。

1963 年　停止写作"天际线"栏目。

1964 年　为英国牛津市起草城市规划；被授予美国"总统自由勋章"。

1965 年　抗议美国染指越南。

1967 年　在美国参议院关于城市再生分委员会作证；出版《机器的神话：技术与人类发展（I）》（*Myth of the Machine：I. Technics and Human Development*）第一部。

1968 年　支持尤金·麦卡西（Eugene McCarthy）竞选美国总统提名；出版《城市展望》（*The Urban Prospect*）一书。

1970 年　出版《机器的神话：权力的五角大楼（II）》（*Myth of the Machine：II.The Pentagon of Power*）。

1972 年　被授予美国"国家文学奖章"；出版《诠释与预测》（*Interpretations and Forecasts*）一书。

1975 年　被授予"大英帝国二级爵士"荣誉；出版《发现与保存》（*Findings and Keepings*）一书。

1976 年　到巴黎接受"德尔杜卡终生文学贡献世界奖"。

1978 年　开始最后的文学计划，撰写未完成的人类进化史。

1979 年　出版《我的作品和日子》（*My Works and Days*）；与出版商哈考特·布雷斯·朱万诺维奇（Harcourt Brace Jovanovich）决裂。

1982 年　出版自传《生活札记》（*Sketches from Life*），受到美国国家图书奖提名。

1986 年　被授予美国"国家艺术奖章"。

参 考 文 献

路易斯·芒福德英文版原著

1. Lewis Mumford, *Herman Melville*, New York: Harcourt, Brace and Company, 1929.

2. Lewis Mumford, *Technics and Civilization*, New York: Harcourt, Brace and Company, 1934.

3. Lewis Mumford, *The Culture of Cities*, London: Secker & Warburg, 1938.

4. Lewis Mumford, *Men Must Act*, New York: Harcourt, Brace and Company, 1939.

5. Lewis Mumford, *Faith for Living*, New York: Harcourt, Brace and Company, 1940.

6. Lewis Mumford, *The Condition of Man*, New York: Harcourt, Brace and Company, 1944.

7. Lewis Mumford, *In the Name of Sanity*, Westport: Greenwood Press, 1954.

8. Lewis Mumford, *The Transformation of Man*, New York: Collier Books, 1962.

9. Lewis Mumford, *The Myth of the Machine (II): The Pentagon of Power*, New

York: Harcourt Brace Jovanovich., 1964.

10. Lewis Mumford, *Pentagon of Power (I): Technics and Human Development*; New York: Harcourt, Brace &World, INC. 1966.

11. Lewis Mumford, *The Urban Prospect*, London: Secker & Warburg, 1968.

12. Lewis Mumford, *The Brown Decades: A Study of the Arts in America 1865-1895*, New York: Dover Publications, 1971.

13. Lewis Mumford, *Sketches from Life: the Autobiography of Lewis Mumford*, the Early Years, New York: Dial Press, 1982.

14. Lewis Mumford, *The City in History: Its origins, Its Transformations and Its Prospects*, New York: Harcourt Brace and World, 1961.

15. Lewis Mumford, *The Golden Day: A Study in American Literature and Culture*, Boston: Dover, 1968.

16. Lewis Mumford, *The Story of Utopias*, New York: Viking Press, 1966.

英文参考书目

Books

Adshead, S.A.M., *China in World History*, New York: MacMillan Press LTD., 1988.

Brubaker, Rogers, *The Limits of Rationality: An Essay on the Social and Moral Thought of Max Weber*, London: George Allen & Unwin, 1984.

Colton, Joel and Bruchey, Stuart, *Technology, the Economy, and Society: the American Experience*, New York: Columbia University Press, 1987.

Degler, Carl N., *In Search of Human Nature: the Decline and Revival of Darwinism in American Social Thought*, Oxford University Press, 1991.

Engels, Friedrich, *The Condition of the Working Class in England*, Oxford: Basil

Blackwell, 1958.

Fox, Robert, (ed.) *Technological Change: Methods and Themes in the History of Technology*, Harwood Academic Publishers, 1996.

Friedel, Robert, *A Culture of Improvement: Technology and the Western Millennium*, Cambridge Massachusetts: The MIT Press, 2010.

Fukuyama, F. *The End of History and the Last Man*, New York: Penguin, 1993.

Geddes, Patrick, *Cities in Evolution*, London: Williams and Norgate, 1949.

Hughes, Thomas P. Hughes, Agatha C., *Lewis Mumford: Public Intellectual*, New York: Oxford University Press, 1990.

Jackson, Kenneth T. *Crabgrass Frontier: the Suburbanization of America*, New York: Oxford University Press, 1985.

Li, Shuxue *Lewis Mumford: Critic of Culture and Civilization*, Oxford: Peter Lang, 2009.

Livingston, James, *The World Turned Inside Out: American Thought and Culture at the End of the 20th Century*, Lanham: Rowman & Littlefield Publishers, INC., 2010.

Luccarelli, Mark, *Lewis Mumford and the Ecological Region: the Politics of Planning*, New York: The Guilford Press, 1995.

Marx, Karl and Engels, Friedrich *The Communist Manifesto*, (ed.) David McLellan, Oxford and New York: Oxford University Press, 1992.

Marx, Karl, *The German Ideology*, Amherst, New York: Prometheus Books, 1998.

Marx, Karl, *Capital*, (ed.) David McLellan, Oxford: Oxford University Press, 1999.

Miller, Donald L., *Lewis Mumford: A Life*, New York: Weidenfeld & Nicolson, 1989.

Nathan, James A. & Oliver, James K., *United Foreign Policy and the World Order*,

Glenview Illinois: Scott, Foresman and Company, 1989.

Needham, Joseph, *Science in Traditional China*, Cambridge: Harvard University Press, 1981.

Needham, Joseph, *Clerks and Craftsmen in China and the West: Lectures and Addresses on the History of Science and Technology*, Cambridge: At the University Press, 1970.

Nichols, Christopher McKnight: *Promise and Peril: America at the Dawn of a Global Age*, Cambridge: Harvard University Press, 2011.

Ohmae, K. *The Next Global Stage: The Challenges and Opportunities in Our Borderless World*. Chicago IL: Wharton School Press, 2005.

Saul, R. J., *The Collapse of Globalism*, London: Atlantic Books, 2005.

Pells, Richard H., *Radical Visions and American Dreams: Culture and Social Thought in the Depression Years*, New York: Harper & Row, Publishers, 1973.

Sayer, Derek, *Capitalism and Modernity: An Excursus on Marx and Weber*, London and New York: Routledge, 1991.

Schulzinger, Robert D., *U.S. Diplomacy Since 1900*, New York: Oxford University Press, 1998.

Sigurdson, Jon, *Technology and Science in the People's Republic of China*, Oxford: Pergamon Press, 1980.

Stevenson, Leslie & Byerly, Henry, *The Many Faces of Science: An Introduction to Scientists, Values and Society*, Boulder: Westview Press, 1995.

Tang, Tong B., *Science and Technology in China*, London: Longman Group Limited, 1984.

Teich, Mikulas and Young, Robert, *Changing Perspectives in the History of Science: Essays in Honour of Joseph Needham*, Dordrecht: D. Reidel Publishing Company, 1973.

Temple, Robert, *The Genius of China: 3000 Years of Science, Discovery, and Invention*, New York: Simon and Schuster, 1986.

Tsien, Tsuen-Hsuin, *Collected Writings on Chinese Culture*, Hong Kong: The Chinese University Press, 2011.

Weber, Max, *The Protestant Ethic and the Spirit of Capitalism*, London & New York: Routledge, 1992.

Williams, Rosalind, "Lewis Mumford as a Historian of Technology in Technics and Civilization" in *Lewis Mumford: Public Intellectual*, (eds.) Thomas P. Hughes and Agatha C. Hughes, Oxford University Press 1990, p.44.

Whitfield, Stephen J., (ed.) *A Companion to 20th-Century America*, Blackwell Publishing, 2004.

Journal Articles

Andreas, Peter, "Illicit Globalization: Myths, Misconceptions and Historical Lessons", *Political Science Quarterly*, Vol.126, No.3, 2011, pp.403-425.

Ankiewicz, Piet and De Swardt, Estelle, "Some Implications of the Philosophy of Technology for Science, Technology and Society (STS) Studies", *International Journal of Technology and Design Education* Vol. 16, 2006, pp.117-141.

Brown, Garret Wallace, "Globalization is What We Make of It: Contemporary Globalization Theory and the Future Construction of Global Interconnection", *Political Studies Review*: 2008, VOL. 6, pp.42-53.

Charley, Mejame Ejede, "Problematic of Technology and the Realms of Salvation in Heidegger's Philosophy", *Forum Philosophum*, Vol.14, 2009, pp.343-367.

Callahan, William A., "Nationalism, Civilization and Transnational Relations: the Discourse of Greater China", *Journal of Contemporary China* (2005), 14 (43), May, pp.269-289.

Cotton William T., "The Eutopitect: Lewis Mumford as a Reluctant Utopian",

Utopian Studies, pp.1-18.

Ihde, Don, "Can Continental Philosophy Deal with the New Technologies?" *Journal of Speculative Philosophy*, Vol. 26, No. 2, 2012, pp.321-332.

Eede, Yoni Van Den "In Between Us: On the Transparency and Opacity of Technological Mediation", *Found Sci.*, Vol. 16, 2011, pp.139-159.

Ellis, Cliff, "Lewis Mumford and Norman Bel Geddes: the Highway, the City and the Future", *Planning Perspectives*, Vol. 20, January 2005, pp.51-68.

Ferguson, N. "Sinking Globalization", *Foreign Affairs*, 84 (2), 2005, pp.64-77.

Stephan Feuchtwang, "Between Civilizations: One Side of a Dialogue", *Social Identities* Vol. 12, No. 1, January 2006, pp.79-94.

Floridi, Luciano, "The Information Society and Its Philosophy: Introduction to the Special Issue on 'The Philosophy of Information, Its Nature, and Future Developments'", *The Information Society*, 25: 153-158, 2009, pp.153-158.

Galea, Sandro and Ahern, Jennifer, "Distribution of Education and Population Health: An Ecological Analysis of New York City Neighborhoods", *Research and Practice, American Journal of Public Health*, December 2005, Vol. 95, No. 12, pp.2198-2205.

Gorner, Paul, "Heidegger's Phenomenology as Transcendental Philosophy", *International Journal of Philosophical Studies* Vol.10 (1), pp.17-33.

Haase, Dwight, "The Wealth (and Want) of Nations: The Impact of Economic Globalization on the Developing World", *Perspectives on Global Development and Technology*, Vol.11, 2012, pp.38-49.

Hall, Alex, "'A Way of Revealing': Technology and Utopianism in Contemporary Culture", *The Journal of Technology Studies*, pp.58-66.

Jepson, Jr., Edward J. & Edwards, Mary M., "How Possible is Sustainable Urban Development? ——An Analysis of Planners' Perceptions about New Urbanism, Smart

Growth and the Ecological City", *Planning Practice & Research*, Vol. 25, No. 4, August 2010, pp.417-437.

Leitão, André Botequilha-, "Eco-Polycentric Urban Systems: An Ecological Region Perspective for Network Cities", *Challenges* 2012, 3, pp.1-42.

Lawler, Peter Augustine, "The Problem of Technology", *Perspectives on Political Science*, Summer 2005, Volume 34, Number 3, pp.125-134.

McClay, Wilfred M., "Lewis Mumford: From the Belly of the Whale", *Cultural Criticism*, *The American Scholar*, pp.111-118.

Mumford, Lewis, "What Are Our Goals: I. Cities Fit to Live In", *The Nation* May 15, 1948, pp.530-533.

Mumford, Lewis, "Now Let Man Take Over", *The New Republic*, February 16, 1963, pp.12-15.

Mumford, Lewis, "If I Were the Dictator", *The Nation*, December 9, 1931, pp.631-633.

Mumford, Lewis, "Attacking the House Problem on Three Fronts", *The Nation*, Vol. 109, No. 2827, September, 1919, pp.332-333.

Newman, Allegra, "Inclusive Planning of Urban Nature", *Ecological Restoration* Vol. 26, No. 3, 2008, pp.229-234.

Picket, S. T. A., & Cadenasso, M. L. "Advancing Urban Ecological Studies: Frameworks, Concepts, and Results from the Baltimore Ecosystem Study", *Austral Ecology* 31, 2006, pp.114-125.

Picket, S. T. A., & Cadenasso, M. L., "Linking Ecological and Built Components of Urban Mosaics: an Open Cycle of Ecological Design", *Journal of Ecology*, Vol. 96, 2008, pp.8-12.

Picket, S. T. A., & Cadenasso, M. L., "Beyond Urban Legends: An Emerging Framework of Urban Ecology, as Illustrated by the Baltimore Ecosystem Study",

Bioscience, February 2008, Vol. 58, No. 2, pp.139-150.

Platt, Rutherford H., "Toward Ecological Cities: Adapting to the 21st Century Metropolis", *Environment*, June 2004, Vol. 46, No. 5, pp.11-27.

Renwick, Chris & Gunn, Richard C., "Demythologizing the Machine: Patrick Geddes, Lewis Mumford, And Classical Sociological Theory", *Journal of the History of the Behavioral Sciences*, Vol. 44 (1), (Winter) 2008, pp.59-76.

Rosenberg, J. "Globalization Theory: A Post Mortem", *International Politics*, 42 (1), 2005, pp.2-74.

Stephenson, R. Bruce, "A Vision of Green: Lewis Mumford's Legacy in Portland, Oregon", *APA Journal*, (Summer) 1999, pp.259-269.

Valentin Schaefer, "Alien Invasions, Ecological Restoration in Cities and the Loss of Ecological Memory", *Restoration Ecology*, Vol. 17, No. 2, MARCH 2009, pp.171-176.

Silk, Michael and Manley, Andrew, "Globalization, Urbanization & Sporting Spectacle in Pacific Asia: Places, Peoples & Pastness", *Sociology of Sport Journal*, Vol. 29, 2012, pp.455-484.

Skonieczny, Amy, "Interrupting Inevitability: Globalization and Resistance", *Alternatives* 35, 2010, pp.1-27.

Soleymani, Mohammad, "The Heavy Price of Globalization: Globalization and Sustainable Development", *Perspectives on Global Development and Technology*, 2010, pp.101-118.

Kurt Stemhagen, "Beyond the "Pragmatic Acquiescence" Controversy: Reconciling the Educational Thought of Lewis Mumford and John Dewey", *EDUCATIONAL STUDIES*, Vol. 47, 2011, pp.469-489.

Strange, S. 'The Limits of Politics', *Government and Opposition*, 30 (3), 1995, pp.291-311.

Thompson, G. 'The Limits of Globalization', in D. Held (ed.), *Debating Globalization*. Cambridge: Polity, 2005, pp.52-8.

Verdoux, Philippe "Emerging Technologies and the Future of Philosophy", *METAPHILOSOPHY*, Vol. 42, No. 5, October 2011, pp.682-707.

Wendling, Amy E. & Sokolowski, Elizabeth M. "New Waves in Philosophy of Technology", *Review Articles/Historical Materialism 18* (2010) pp.143-207.

Willcocks, Leslie and Whitley, Edgar A., "Developing the Information and Knowledge Agenda in Information Systems: Insights from Philosophy", *The Information Society*, vol. 25, 2009, pp.190-197.

Zitzelsberger, Hilde M. "Concerning Technology: Thinking with Heidegger", *Nursing Philosophy*, Vol. 5, 2004, pp.242-250.

Zuckerman, Mitchell A. Pavao-, "The Nature of Urban Soils and Their Role in Ecological Restoration in Cities", *Restoration Ecology* Vol. 16, December 2008, No. 4, pp.642-649.

中文参考书目

[1] 王桂新:《中国"大城市病"的预防及其治理》,《南京社会科学》2011 年第 12 期。

[2] 《中国常住人口城市化率已达 50%　过去十年城市化模式不可持续》,《人民网》, DB/OL (http://politics.people.com.cn/GB/99014/17945173.html) 2012-09-24。

[3] 路易斯·芒福德著:《城市发展史:起源、演变和前景》,宋俊岭、倪文彦译,中国建筑工业出版社 2005 年版。

[4] 郝涛、李楠:《183 个城市争建国际大都市　全不顾实事求是》,《市场报》2005 年 8 月 17 日。

[5] 《活在大城市的生命成本　死亡其实并不遥远》(搜狐健康频道) 2009-06-02。

[6] 张舵:《北京拟出台一批最严管制政策整治"大城市病"》,《人民网》,DB/OL (http://finance.people.com/nc/13873817.html) 2011.02.09。

[7]《便秘的城市——"大城市病"笼罩中国?》,《文化重磅》Vol.132 DB/OL (http://cul.sohu.com./s2010/citydesease/#zhengzhuang) 2010/10/15。

[8] 刘士林主编:《2009 中国都市化进程报告》,上海人民出版社 2010 年版。

[9]《珠三角部分家庭欲"逃离"一线城市 摆脱伪幸福》,《中国新网》,2010-03-27。

[10] 黄冲:《全国 3 亿人与常住户口分离 教育最应与户籍脱钩》,《中国青年报》2009 年 1 月 20 日。

[11] 牛文元:《中国新兴城市化报告 2011》,科学出版社 2011 年版。

[12] 路易斯·芒福德著:《城市文化》,宋俊岭、李翔宁等译,中国建筑工程出版社 2009 年版。

[13] 路易斯·芒福德:《技术与文明》,陈允明、王克仁等译,中国建筑工程出版社 2009 年版。

[14] 徐贲:《知识分子——我们的思想和我们的行为》,华东师范大学出版社 2005 年版。

[15] [美] 拉塞尔·雅各比:《乌托邦之死:冷漠时代的政治与文化》,新星出版社 2007 年版。

[16] 梁晓声:《中国社会各阶层分析》,文化艺术出版社 2011 年版。

[17] 李树学:《路易斯·芒福德的技术文明观——与马克思和韦伯思想之比较》,《中华文明的历史与未来国际学术研讨会论文集》,河北大学出版社 2009 年版。

[18] 杨小波、吴庆书编著:《城市生态学》,科学出版社 2006 年版。

[19] 宋言奇:《生态城市理念:系统环境观的阐释》,《城市发展研究》2004 年第 2 期。

[20] 吴国盛:《技术哲学的基本问题》,http://www.aisixiang.com/data/16791.html,2013/4/17。

[21] 韩连庆:《走进技术的深处——论芒福德的技术观（1）》，http://www.mianfeilunwen.com/Zhexue/Qita/34484.html，2013-04-17。

[22] 何舒文:《分散主义：城市蔓延的原罪？——论分散主义思想史》，《随想杂谈》2008年第11期。

[23] 金经元:《路易斯·芒福德——杰出的人文主义城市规划理论家》，《城市规划》1996年版，第44—48页。

[24] 黄欣荣:《论芒福德的技术哲学》，《自然辩证法研究》2003年第2期，第54—57页。

[25] 韩连庆:《芒福德的技术观：破除机器的神话》，《世界科学》2004年第1期。

[26] 管晓刚:《论芒福德技术哲学的研究视角》，《科学技术与辩证法》2009年第3期，第53—57页。

[27] 金经元:《芒福德和他的学术思想》，《国外城市规划》1995年第1期，第51—56页。

[28] 金经元:《芒福德和他的学术思想（续二）》，《国外城市规划》1995年第4期，第50—54页。

[29] 栾博、丁戎:《雅各布斯和芒福德核心思想的比较与启示：读两本著作引发的思考》，《景观设计论坛》2007年版，第96—98页。

[30] 吴志宏:《芒福德的地区建筑思想与批判的地区主义》，《建筑论坛》2008年第2期，第35—36页。

[31] 王中:《城市规划的三位人文主义大师—霍华德、盖迪斯、芒福德》，《设计研究》2007年第4期，第41—43页。

[32] 刘士林:《文化城市的理论资源与现实问题》，《河北学刊》2008年第2期，第191—194页。

[33] 刘士林:《大城市发展的历史模式与当代阐释——以芒福德〈城市发展史〉为中心的建构和研究》，《江西社会科学》2009年第8期，第27—35页。

[34] 周永坤:《中国现代化进程中的农民问题》，《河北学刊》2012年第1期，第

99—103 页。

[35] 刘红燕：《农民工社会流动的现实困境与对策分析》，《河北学刊》2012 年第 1 期，第 115—118 页。

[36] 蔡青荣：《"强拆"现象背后的法治隐忧》，《河北学刊》2012 年第 1 期，第 140—145 页。

[37] 雅各布斯著：《美国大城市的死与生》，金衡山译，译林出版社 1992 年版。

[38] 邹东生、高志强：《生态学概论》，湖南科学技术出版社 2007 年版。

[39] 方创琳、姚士谋、刘盛和：《2010 中国城市群发展报告》，科学出版社 2011 年版。

[40] 雍际春、张敏花、于志远等：《人地关系与生态文明研究》，中国社会科学出版社 2009 年版。

[41] 奥斯瓦尔德·斯宾格勒著：《西方的没落》，江月译，湖南文艺出版社 2011 年版。

[42] 田霖：《从芒福德的学术思想看我国的城市规划》，《平顶山工学院学报》2009 年第 3 期，第 1—3 页。

[43] 宋俊岭：《城市的根本职责——〈城市文化〉中译本序》，《北京城市学院学报》2009 年第 3 期，第 83—85 页。

[44] 吴良镛：《芒福德的学术思想及其对人居环境学建设的启示》，《城市规划》1996 年第 1 期，第 35—48 页。

[55] 潘吉星：《中外科学技术交流史论》，中国社会科学出版社 2012 年版。

[56] 路甬祥：《走进殿堂的中国古代科技史》（上、中），上海交通大学出版社 2009 年版。

[57] 许倬云：《中西文明的对照》，浙江人民出版社 2013 年版。

[58] 海德格尔：《海德格尔选集》，孙周兴选编，上海三联书店 1996 年版。

[59] 帕特里夏·奥坦伯德·约翰逊著：《海德格尔》，张祥龙、林丹、朱刚译，中华书局 2014 年版。

[60]　包国光：《海德格尔生存论视域下的技术》，中国社会科学出版社 2011 年版。

[61]　韩连庆：《技术与知觉——唐·伊德对海德格尔技术哲学的批判和超越》，《自然辩证法通讯》第 26 卷 2004 年第 5 期，第 38—43 页。

[62]　葛勇义：《现象学技术哲学的逻辑分析》，《山东理工大学学报》（社会科学版）第 26 卷第 4 期，2000 年 7 月，第 37—42 页。

[63]　葛勇义、陈凡：《现象学技术哲学的多重视角》，《东北大学学报》（社会科学版）第 9 卷第 3 期，2007 年 5 月，第 198—203 页。

[64]　舒红跃：《现象学技术哲学及其发展趋势》，《自然辩证法研究》第 24 卷第 1 期，2008 年 1 月，第 46—50 页。

[65]　王海琴：《海德格尔分析古代技术和现代技术》，《兰州学刊》总第 146 期，2005 年第 5 期，第 101—103 页。

[66]　路易斯·芒福德著：《机械的神话》，钮先锺译，台北：黎明文化事业股份有限公司 1973 年版。

致　谢

　　本书是我在英国诺丁汉大学留学期间在美加研究院所做课题的纵深研究。首先感谢英国诺丁汉大学教授 Douglas Tallack 和 Peter Ling 教授，把我引向芒福德研究。在众多的美国现代思想家中，芒福德可谓是一位举足轻重的人物。但由于芒福德著述庞杂，思想深邃，对研究者的要求也就更高。一般的人很少敢承担这样的重担，我可谓是"初生牛犊不怕虎"了。原本研究英美文学的我，对美国学知之甚少，所以当导师 Douglas Tallack 提出让我研究路易斯·芒福德、罗道夫·伯恩、瓦尔多·大卫·弗朗克和阿尔弗雷德·卡津时，我一下子就被芒福德的博学所震慑，从此和芒福德结缘。随着研究的深入，我越发喜欢芒福德的作品了。

　　我回国后，恰逢国内正在进行城镇化、现代化建设。芒福德的思想正好契合了我国发展的历史阶段。因此，2010 年，当我提出申请国家社科基金资助时，一举中标。在课题研究期间，河北大学和邢台学院的各级领导为我提供了必要的时间保证。邢台学院对本书的出版提供了资助。在课题研究过程中，我先后得到了国家图书馆、美国明尼苏达州圣克劳德州立大学新闻学院和圣克劳德大学图书馆的工作人员的帮助，在此一并表示感谢。

　　中国社会科学院外国文学研究所的王逢振研究员、清华大学社会科学学院的张成岗教授、河北大学艺术学院的贺志朴教授、河北师范大学外国语学院的李正栓教授、河北科技大学外国语学院的张森教授对本课题的研究给予了不同程度的指导和帮助，邢台学院的陈培英老师、邢台财贸学校的戴占荣老师和沙河市建设局的陈硕颖高级工程师都不同程度地参与了本课题的研究，在此一并表示感谢。

　　我还要特别感谢王逢振研究员、李正栓教授能够在百忙之中，拨冗为序，为拙作增色不少。此外，此书能够顺利出版，人民出版社的编辑马长虹博士也花费了很多心血，在此深表谢意。

　　最后，还要对在本项目研究过程中，给予了我种种帮助和支持的各位学术同仁，表示由衷的感谢！

李树学

2015 年 7 月 31 日